Ideazione e redazione: Luigi Colli
Scritti e schede a cura di: Ma Prem Udgatri, Sandra Masseglia, Paola Bertoldi, Igino Marchi, Antonio Bortolotti
Disegni: Archivio Demetra
Fotografie: Studio R.G., Arc-en-ciel (VR), Archivio Demetra
Impaginazione: fuoriMargine (VR)

Si ringraziano
per la preziosa collaborazione
la dott.ssa Livia Siccardi
e il maestro Ignazio Cuturello

ISBN 88-440-2487-6

Prima edizione: novembre 2001

Ristampa	Anno
6 5 4 3 2 1 0	2005 2004 2003 2002 2001

Stampato presso Giunti Industrie Grafiche S.p.A.
Stabilimento di Prato

T’ai Chi Ch’uan

INTRODUZIONE

I movimenti del corpo, guidati dalle disposizioni della mente, richiedono e presuppongono una volontaria disponibilità, un impegno assiduo e una pratica costante degli insegnamenti appresi, in una parola: una disciplina.

Così potremmo definire il T'ai Chi Ch'uan, come una disciplina orientale completa e affascinante.
Ma occorre operare una importante distinzione. In occidente prevale il concetto di utilità della pratica fisica per il raggiungimento dell'equilibrio psico-fisico. Coerentemente con il principio *mens sana in corpore sano*, noi siamo portati a pensare che un corpo sano sia funzionale all'equilibrio mentale.
La filosofia di questa antica arte cinese capovolge, in un certo senso, l'affermazione e ci propone invece la possibilità di raggiungere la salute, lo stato di benessere fisico, attraverso la guida della mente. Ognuno può ritrovare in se stesso, la capacità di risvegliare la propria energia vitale sopita.
Questa "filosofia del corpo e della mente" trae i suoi insegnamenti dal pensiero cinese antico; seguiremo quindi il percorso dell'origine di queste sagge intuizioni, attraverso i principali concetti delle tre grandi filosofie orientali che hanno influenzato il T'ai Chi Ch'uan: Taoismo, Confucianesimo e Buddismo.
Faremo poi un passo ardito, tenteremo di esporre i principi della medicina tradizionale cinese che riguardano la circolazione energetica e che sono indispensabili per iniziare ogni pratica meditativa.
Questo solo per fornire un quadro teorico d'insieme alla descrizione della pratica delle principali tecniche di meditazione dinamica.
Anche il T'ai Chi Ch'uan, come ogni disciplina o arte, ammette e prevede diversi livelli di esecuzione che, naturalmente, riflettono diverse disposizioni allo studio teorico: da quelle più superficiali e approssimative a quelle improntate a maggiore completezza e rigore.
Il termine "superficialità" non possiede qui una connotazione negativa; ogni apprendimento inizia da conoscenze il più possibile ampie ma non certamente esaustive. L'entusiasmo del neofita viene sovente appagato dalla visione, per così dire, "panoramica" su quelli che sono i principi della disciplina, ma solo allora si scopre che il risultato raggiunto, lungi dall'essere un traguardo, non è che l'inizio di un lungo e faticoso cammino.
Questo è il punto al quale si fermeranno alcuni, e dal quale partiranno coloro i quali vorranno intraprendere, **sotto la guida di un bravo maestro** e attraverso il paziente dominio dei propri istinti, la via della conoscenza dell'essenza più profonda del T'ai Chi Ch'uan.

Il Maestro Chang Dsu Yao e il Maestro Ignazio Cuturello

I CHING, IL LIBRO DELLE MUTAZIONI

Se esaminiamo la vicende umane, non possiamo sottrarci alla schiavitù della categoria del "tempo", che spesso limita le nostre possibilità di comprensione e, quindi, di giudizio.

Ben diverso è lo studio dello spirito umano nella sua essenza eterna, atemporale, nell'attimo stesso in cui è pensato.

Non dobbiamo stupirci quindi se lo spirito ha parlato, in tempi, che storicamente possono sembrarci lontanissimi e primitivi se, proprio in quei tempi, "lo spirito pensato" ha detto fondamentali verità.

In un paese che oggi si chiama Cina gli uomini vivevano della coltivazione dei campi, similmente a quanto avveniva nella parte del mondo a noi più vicina, prosperavano grazie ai frutti del loro lavoro e soffrivano a causa dei dissidi e delle guerre che li dividevano, così come avveniva molto più a occidente.

La vita a contatto con la natura, il susseguirsi ciclico degli eventi e il pensiero dell'uomo che li osservava, hanno dato vita a una filosofia naturalista che, raccolta e sistematizzata nei secoli a opera di vari sconosciuti autori, costituisce un testo che, ancora oggi, affascina e incuriosisce: lo *I Ching*.

La tradizione fa risalire a un leggendario re Wen il primo commento al libro, datato intorno al 1100 a.C.

Lo scopo di questo compendio di saggezza era la previsione, il vaticinio: osservando la natura i saggi che misero mano alla compilazione del testo avevano rintracciato un divenire ciclico di avvenimenti, tanto da poter prevedere che molti accadimenti si susseguivano con regolarità. Ciò li indusse a pensare che similmente doveva essere per il futuro e che, pertanto, la saggezza che così acutamente osservava il presente, altrettanto avrebbe potuto illuminare sul divenire.

L'*I Ching* è dunque un oracolo, da consultarsi nell'incertezza di una situazione. Azioni politiche, decisioni collettive, così come dubbi personali, diventavano occasione per consultare la preveggenza dell'antica saggezza.

La risposta non veniva (questa è la peculiarità del testo) dalle parole di un mago più o meno accreditato, ma dalla conoscenza stessa delle cose, accumulata attraverso i secoli e tramandata con

Rappresentazione dello Yin Yang

cura e venerazione. La risposta è nella natura stessa e viene dalla filosofia dell'uomo che la osserva.

L'organizzazione di questo imponente sistema di segni, ai quali corrispondono le sentenze dell'oracolo, avviene sulla base di un'intuizione fondamentale che è poi stata ripresa e accolta in tutta la filosofia cinese successiva: la polarità degli elementi.

All'inizio era il *Wu chi* o "stato indifferenziato degli elementi"; non esistevano cioè differenze tra gli elementari componenti l'universo; potremo dire in breve, semplificando, era il nulla. Ciò che ha generato le cose (l'universo) è stata la prima differenziazione fra le due entità elementari: lo *Yang* e lo *Yin*.

Yang, forza positiva, maschile, il nero, il caldo, l'attività, simboleggiata da una linea continua (–). *Yin*, forza negativa, femminile, il bianco, il freddo, la passività, simboleggiata da una linea discontinua (--).

Il movimento ha prodotto *Yang*; quando il movimento ha raggiunto il suo limite è stata quiete e da questa quiete si è creato *Yin*. Al limite della quiete riprende il movimento e la loro alternanza spiega l'origine dell'universo, prima e oltre la quale non vi è che *Wu chi*, o "stato di assenza di distinzione".

Queste due "forze" o "energie", questi due aspetti della realtà che per primi si sono differenziati dal non-essere, sono perfettamente complementari e la loro interazione dà origine a tutte le cose.

Occorre sottolineare che non è data una connotazione di tipo buono/cattivo alle due entità; entrambe concorrono alla creazione dell'esistente (sia di ciò che è buono, sia di ciò che è cattivo), entram-

Introduzione al Rei-ki 1

La scelta di vivere una nuova esperienza, qualunque essa sia, comporta sempre almeno due livelli di disponibilità: "mentale" e "pratico".

Quello che potremmo definire mentale è rappresentato da un'apertura verso l'incognito mentre l'altro, di tipo pratico, corrispondente al tempo che vi si può dedicare. L'arte del Rei-ki offre una possibilità di cambiamento intesa anche come modificazione di schemi, di abitudini di vita. È bene prenderne atto subito, per trovare gli spazi opportuni a mantenere l'impegno al fine di ottenere risultati.

Si accede alla pratica del Rei-ki attraverso tre gradi di iniziazione. Il primo grado comporta l'attivazione dei canali energetici; da quel momento, con la semplice imposizione delle mani, grazie a una sequenza di movimenti, si è in grado di autotrattarsi e di trattare altre persone. Anche animali, piante, cose possono risentire dell'effetto benefico del Rei-ki e, nel caso di farmaci che si devono assumere, Rei-ki ne potenzia l'efficacia ed elimina gli effetti collaterali nocivi.

La cerimonia di iniziazione è divisa in quattro fasi; nell'intervallo tra una fase e l'altra, il maestro insegnerà le modalità da seguire nel porre le mani su un soggetto da trattare, nell'effettuare un trattamento completo, uno veloce o un autotrattamento.

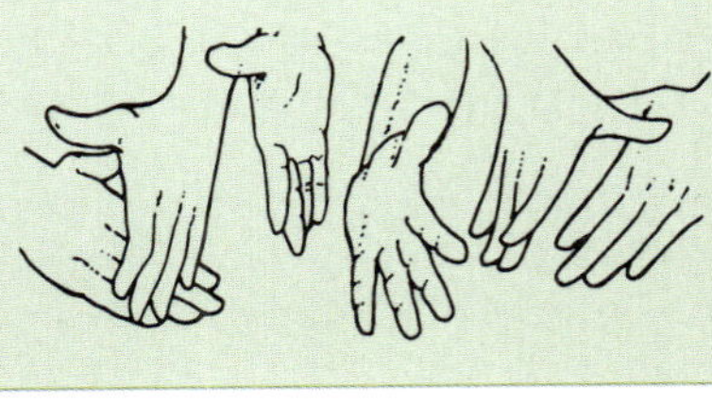

be sono possedute da tutte le cose, entrambe sono indispensabili.

È invece da rilevare quanto appare evidente dalla loro (ormai notissima) rappresentazione grafica, e cioè che ogni *Yang* possiede in sé una minima parte di *Yin*, e ogni *Yin* possiede al suo interno una piccola parte di *Yang*. Ciò è simboleggiato dalla piccola circonferenza di colore opposto che appare all'interno della parte di maggiore dimensione di ognuno dei due segni.

Un'altra caratteristica semiotica è data dal fatto che la dimensione lineare del contorno di ognuno dei due segni è uguale alla dimensione della circonferenza che li racchiude. Tutto è in perfetto equilibrio, nulla prevale su nulla.

L'intera figura circolare contenente i due poli *Yin* e *Yang* viene denominata *T'ai-chi T'u* o "Diagramma della realtà ultima" o, ancora, "Diagramma della suprema polarità".

L'idea di questa polarità originaria, non è stata rivelata, non è arrivata alla conoscenza degli uomini attraverso qualche testo sacro, ma è osservabile e sperimentabile nella natura stessa: terra/cielo, buio/luce, freddo/caldo, attività/passività; tutto ciò che esiste si esprime in dualismi, ogni cosa può essere definita e compresa in base al suo contrario complementare: la luce è tale perché c'è il buio, il bello viene definito in relazione al brutto, non esiste facile senza difficile. Essere e non essere si equilibrano a vicenda.

Ricordiamo sempre che nessuna delle due polarità ha più valore dell'altra, né possiede un significato morale; entrambe contribuiscono in uguale misura, attraverso la loro dinamica interazione, a creare il mondo così com'è.

Tutto, poi, è relativo: ciò che è *Yin* rispetto a una cosa, può essere contemporaneamente *Yang* rispetto a un'altra. I dualismi si fondono nell'unione poiché ogni cosa ha i suoi lati positivi e negativi: in ogni *Yin* c'è un po' di *Yang* e viceversa. L'ininterrotto alternarsi di *Yin* e di *Yang* è il principio dinamico che genera tutte le cose; i "cinque elementi" o *Wu hsing* sono state le prime fra tutte.

Legno (*Mu*), fuoco (*Huo*), terra (*T'u*), metallo (*Chin*) e acqua (*Shui*).

Ognuno dei cinque elementi (in quest'ordine) genera il successivo e annienta quello ancora successivo, in una disposizione geometrica pentagonale che esemplifica la dinamica delle azioni e reazioni.

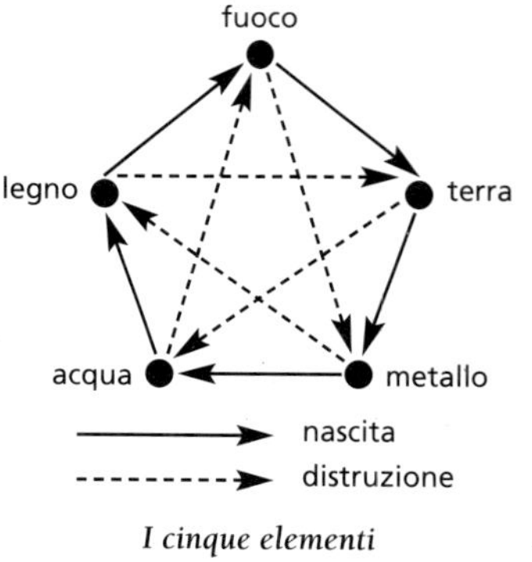

I cinque elementi

Il codice contenuto nel "Libro delle mutazioni" (così viene chiamato l'*I Ching*) è costruito su di una complessa rappresentazione grafica che ha come segni elementari il tratto lineare continuo (*Yang*), e quello discontinuo (*Yin*), che simboleggiano anche l'affermazione e la negazione. Ma poiché sappiamo che nulla è

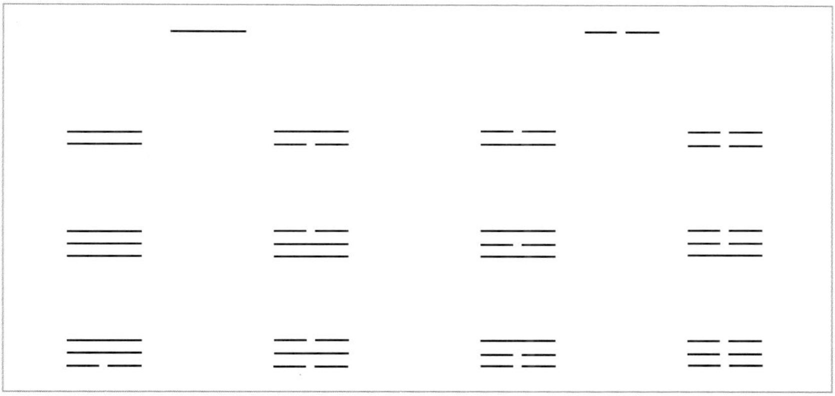

definitivo e tutto è in continua trasformazione, possiamo intuire come il "sì" e il "no" possono associarsi in un'infinita serie di definizioni più sfumate.

La poliedricità della realtà viene rappresentata graficamente dall'associazione dei segmenti lineari simboli di *Yin* e di *Yang*: 2 segmenti, 4 coppie di segmenti, 8 trigrammi, 64 esagrammi, costituiscono gli elementi del codice.

Secondo i suoi compilatori, tutte le situazioni dell'universo conosciuto possono essere descritte (e previste) attraverso questi 64 segni, poiché nulla è totalmente casuale ma segue una naturale ciclicità, dove tuttavia nulla prevale mai definitivamente e tutto è instabile e provvisorio. Al sessantaquattresimo esagramma (il cui simbolo iconografico è una volpe che non ha ancora attraversato la sponda di un fiume) il ciclo riprende di nuovo, senza fermarsi.

Il "Libro delle Mutazioni" venne tramandato come fonte di saggezza e ricevette, nei secoli, numerose aggiunte o *Appendici*: commentari, opere di vari studiosi soprattutto di scuola confuciana che, all'epoca della dinastia Han (200 a.C.- 220 d.C.), attribuirono al testo originale quelle interpretazioni cosmologiche, metafisiche ed etiche, che ora costituiscono una parte del *Libro delle Mutazioni*.

L'arte della Suprema Polarità

Dal diagramma denominato *T'ai Chi Tu* prende ispirazione l'arte marziale che andiamo a descrivere, lo testimonia il suo stesso nome: T'ai Chi Ch'uan.

Il continuo alternarsi di fasi che possiamo definire *Yin*, ad altre di natura *Yang*, ne costituisce il carattere peculiare.

Lo studio e la pratica delle tecniche del T'ai Chi Ch'uan dimostrerà come tutto sia fondato sull'alternarsi e sulla circolarità dei movimenti di segno opposto e complementare: l'avanzata è *Yang*, la retrocessione *Yin*, l'attività è apertura, *Yang*, l'inattività chiusura, *Yin*, ma nulla è mai definitivo, tutto in costante ciclico movimento. Occorre mantenere il proprio equilibrio, evitare il "troppo" così come il "troppo poco".

Tao Te Ching, il libro della virtù e della vita

Qualcosa di misterioso
e di perfetto esisteva
prima della nascita del cielo
e della terra.
Silente, incommensurabile,
solitario, immutabile,
in continuo movimento,
è la madre dell'universo noto
e di quello ignoto.
Non conosco il suo nome, quindi
lo chiamo Tao.
Se dovessi descriverlo, potrei
solo dire: "È grande".

Ciò che è grande continua.
Ciò che continua va lontano.
Ciò che va lontano ritorna.

Dunque il Tao è grande,
il cielo è grande,
la terra è grande,
chi segue il Tao è grande.
Ecco le quattro cose grandi
dell'universo.[1]

Impossibile definire il *Tao*. È qualcosa che va oltre la nostra comprensione. Paradossalmente, quando si cerca di definirlo, ecco che già ci si rende conto che quello non è il vero *Tao*.
Ciò a cui **Lao Tzu** (o chi si nasconde dietro questo nome) vuole farci pensare è il mistero originale: l'inizio impercettibile di tutte le cose. Come dire che l'universo ha un'origine, ma questa è così profonda che esula dalla nostra comprensione.
La traduzione cinese suggerisce la "via naturale", noi che viviamo l'era tecnologica potremmo dire l'*input* misterioso di ogni processo. Ma è poi veramente importante trovare le parole per definirlo per arrivare a comprenderlo? Lao Tzu ci indica un'altra via:

Il Tao è al di là delle parole
e al di là della comprensione.
Le parole possono essere usate
per parlarne,
ma non possono contenerlo.

Il Tao esisteva prima delle parole
e dei nomi,
prima del cielo e della terra,
prima delle diecimila cose.
È il padre e la madre illimitati
di tutte le cose limitate.

Quindi, per vedere,
al di là dei limiti,
il sottile cuore delle cose,
liberati dei nomi, dei concetti,
delle aspettative, delle ambizioni
e delle differenze.
Il Tao e le sue innumerevoli
manifestazioni

sorgono dalla stessa fonte:
la sottile meraviglia nell'oscurità misteriosa.

Questo è l'inizio di ogni comprensione.[2]

Ecco che **Lao Tzu** ci invita ad abbandonare quello stato di confusione che si maschera dietro un'organizzazione perfetta, esattamente come aveva fatto egli stesso. Ma sappiamo chi era **Lao Tzu**? Forse. Forse era il custode degli antichi archivi imperiali, forse visse tra il quinto e il sesto secolo a.C. (e quindi fu contemporaneo di **Confucio**), forse, un giorno, mentre era deciso ad abbandonare quel mondo complicato e ipocrita che si era venuto a creare sotto la dinastia Chou, viene fermato da una guardia di frontiera che lo prega di lasciare uno scritto, prima di ritirarsi alla vita solitaria. Questa è la leggenda che ci è stata tramandata insieme con quella raccolta di aforismi, scritti in cinquemila caratteri, che va sotto il titolo di *Tao Te Ching*.

È invece opinione di uno storico illustre che il testo possa essere datato (almeno in parte) in epoche molto successive, poiché in esso si fa riferimento a un tema lungamente dibattuto in un periodo molto posteriore.[3]

Molto più probabilmente gli autori di questo mirabile *corpus* di insegnamenti, che ancora oggi costituisce uno dei testi più tradotti e più letti del mondo, furono più di uno: saggi e studiosi vissuti in epoche diverse, e alcuni fra essi furono quasi sicuramente donne.

Lo stesso nome *Lao Tzu* sarebbe emblematico: secondo la traduzione che propone lo studioso contemporaneo Brian Brown Walker può significare "Vecchio Bambino", proprio per indicare quel carattere di spontanea saggezza che sta alla base della filosofia taoista.

La spontaneità è dunque un concetto-chiave, ci dice **Lao Tzu**, chiunque esso sia.

Il *Tao* "si dà" spontaneamente, senza un fine che possiamo percepire, non è un dio che concede grazie e richiede tributi, semplicemente è l'"origine" che crea le cose e ne garantisce lo svilupparsi, ognuna nella propria individualità definita *te* o "virtù".

Anche l'agire umano, così come il *Tao*, è bene sia improntato alla spontaneità. *Wu wei* o "non agire" significa proprio questo: agire spontaneamente senza artificio, senza ricercare l'estremo e anche senza eccessivo sforzo, che risulterebbe inutile. Il problema va prevenuto, intervenendo al momento giusto sulle cose, prima che queste possano diventare difficili.

"Non agire" non significa quindi inattività, significa invece evitare quell'inutile attività combattiva che ci logora e disperde le nostre energie: il nostro tesoro. Così agisce il saggio:

Smussando gli angoli taglienti,
districando i nodi,
appannando il vistoso,
calmando la confusione.[4]

Egli deve ricercare l'innocenza infantile; il saggio che vuole comprendere de-

ve riuscire a fare "il vuoto" dentro di sé, il che significa svuotarsi delle nozioni sedimentate nella propria mente, liberarsi dai preconcetti e disporsi ad apprendere nuovamente con la mente libera e pura, così come farebbe un bambino ma (importante) senza le stesse ambizioni egocentriche.
Solo allora ci si può disporre alla vera conoscenza del mondo, abbandonando le modalità conoscitive razionali adottate dall'intellettuale confuciano e, semplicemente, guardando in se stesso, senza schemi mentali precostituiti. Il saggio taoista sarà piuttosto orientato verso una conoscenza pratica basata sul corpo e sulle leggi della natura anziché sul sapere razionale del dotto.
Così raggiungerà la sua "illuminazione": non parlando ma ascoltando. *Concentrandosi* (che vuole dire prendere coscienza del proprio centro) arriverà alla vera comprensione o conoscenza.

La conoscenza degli altri
è intelligenza,
la conoscenza di se stessi
è illuminazione.
La conquista degli altri è potere,
la conquista di se stessi è forza.
Conosci ciò che è abbastanza,
e sarai ricco.
Persevera e svilupperai la volontà.
Rimani al centro, e sarai sempre
a casa.
Muori senza morire e vivrai
per sempre.[5]

L'illuminazione non è nulla di soprannaturale, è anzi riacquistare la vera natura, saper vedere la realtà senza limitazioni e senza condizionamenti. Dall'osservazione della natura, come abbiamo visto, deriva il principio della dualità *Yin-Yang*, presente in tutta la speculazione filosofica cinese, contenuta e ampliata nel *Tao Te Ching*.
Le due categorie complementari dello *Yang* e dello *Yin* sono possedute da tutte le cose e tutto definiscono. Ciò che regola l'esistenza si apprende dagli insegnamenti, è la legge dell'equilibrio: l'essere e il non-essere si equilibrano a vicenda.
La dialettica fra i due opposti complementari, il loro rapporto dinamico è il motore dell'esistenza. Nulla è assoluto, tutto è un divenire, l'unica vera costante è il mutamento che è ciclico.
Ogni cosa contiene in sé una piccola parte del suo opposto, con il tempo essa si trasforma, cresce fino al suo culmine, dopo di che inizia a decadere e muore. La definizione stessa di vita contiene in sé il concetto opposto e complementare di morte, ma anche la morte non sarà mai definitiva in quanto essa lascia spazio sempre a nuova vita. Tutto è in equilibrio, l'alternanza degli opposti è un processo ciclico.
Similmente l'etica taoista non prevede che il bene e il male si escludano a vicenda o che uno debba prevalere sull'altro: bene e male sono due principi complementari inalienabili e naturali; ogni cosa buona possiede in sé un po' di male e ogni cosa cattiva è in parte buona. Poiché tutto è poi destinato a trasfor-

marsi, è perlomeno illusorio pensare a una "vittoria del bene sul male", ciò è senza significato.
Nel momento stesso in cui una parte combatte l'altra ne ammette l'esistenza e contribuisce a crearne la forza. Quando una delle due parti avrà acquistato troppa forza l'equilibrio che sostiene il rapporto sarà destinato a cedere ed ecco che tutto si avvierà verso una nuova trasformazione.
Il dualismo naturale, motore dell'evoluzione, viene invece utilizzato dagli uomini come motivo di conflitto: le semplici differenze tra le cose vengono troppo spesso considerate dagli uomini per sostenere rigide differenziazioni: alla ritmicità delle scansioni della natura l'uomo oppone la rigidità delle norme sociali, delle convenzioni coercitive, delle gerarchie di potere, delle religioni dogmatiche. La creazione viene dall'unione, dal perfetto sincronismo, dall'equilibrio, la distruzione dalla divisione e dall'eccesso.
La conquista stessa di qualunque cosa prelude già alla perdita di un'altra. Perché allora rincorrere la dominazione sul mondo quando – già si intuisce – da esso si finirà divorati? Il saggio cerca, invece, la quiete:

Se cerchi di conquistare
il mondo
e farne quello che vuoi,
non avrai successo.
Il mondo è un contenitore
dello spirito
e non è fatto
per essere manipolato.
Dominalo e lo rovinerai.
Afferralo, e lo perderai.[6]
I cinque colori accecano l'occhio.
I cinque suoni assordano
l'orecchio.
I cinque sapori saturano il palato.

Inseguire desideri fatui ostacola
la crescita.
Correre qua e là, volere questo
e quello...
tante vie per impazzire.

Abbandona ciò che è fuori.
Coltiva ciò che è dentro.
Vivi per il tuo centro,
non per i sensi.[7]

Trovare il centro del proprio essere è estremamente semplice, ci dice **Lao Tzu**, è sufficiente raggiungere il silenzio: fai tacere i tuoi sensi, fai il vuoto e "sarai" il tuo centro.

T'ai Chi Ch'uan, ricerca del Tao

Il *Tao Te Ching* si presenta sottoforma di una raccolta di aforismi e, come tale, sebbene sia condotto attraverso una forma semplice e piana, si presta a vari livelli di lettura.
Sospinti dalla continua ricerca del perfetto equilibrio corpo-mente-natura, i monaci taoisti, primo fra tutti **Chang San Feng**, al quale è stata attribuita la

creazione del T'ai Chi Ch'uan, hanno attinto pienamente dagli insegnamenti di **Lao Tzu** per quanto riguarda la tecnica stessa della disciplina e non solo i motivi ispiratori.
Come non accogliere come precise indicazioni le parole del saggio?

Cerca di essere flessibile
e rimarrai al centro.
Cerca di curvarti
e starai diritto.
Cerca di essere vuoto
e sarai riempito.
Cerca di dare e sarai rinnovato.[8]

La flessibilità e la completa disposizione a ricevere che, impropriamente, può essere chiamata cedevolezza, diventano oltre che concetti morali, raccomandazioni quasi tecniche, insegnamenti che tradotti nella pratica non tarderanno a dare i loro frutti. E ancora:

Ciò che alla fine deve contrarsi
all'inizio deve espandersi.
Ciò che alla fine deve indebolirsi
all'inizio deve essere forte.
Ciò che alla fine deve
essere scartato
all'inizio dev'essere abbracciato.
Ciò che alla fine dev'essere
ottenuto
all'inizio dev'essere dato.
Ecco ciò che si chiama
un'intuizione sottile.
Il morbido vince il duro.
Il debole vince il forte.
Il Tao non dovrebbe mai
essere abbandonato.
Le armi non dovrebbero mai
essere mostrate.[9]

Sono parole che richiamano immediatamente alla flessuosità del corpo, a movimenti circolari e ciclici. Si è continuamente alla ricerca di una sincronia, con un altro essere o con se stessi. Quanto al richiamo alle armi potrebbe non essere solo metaforico, noi sappiamo che nel T'ai Chi Ch'uan, inteso come arte marziale, è previsto l'uso di quattro "armi" fondamentali: sciabola, bastone lungo, lancia e spada e la vera maestria si può raggiungere solo arrivando allo stadio in cui arma e corpo lavorano in perfetta sintonia.
Il combattimento o, meglio, la difesa non sono da considerarsi fra le finalità principali dello studio del T'ai Chi Ch'uan; tuttavia si trovano anche negli aforismi dei riferimenti che possono essere interpretati in modo piuttosto puntuale:

Riposare la mente

Camminate di buon passo, con qualsiasi tempo, almeno 30 minuti al giorno. Il cervello così si riposa e recupera la sua capacità di lavoro non tanto non facendo nulla, ma semplicemente cambiando per qualche tempo tipo di attività.

In un conflitto è meglio
difendersi
che aggredire, è meglio ritirarsi
di un piede
che avanzare di un pollice.
Questo significa procedere senza
avanzare,
catturare il nemico senza
attaccarlo.
Non c'è maggior disgrazia
che sottovalutare l'avversario.
Sottovalutare l'avversario
significa
perdere i tre tesori.
Quando si scontrano due
avversari,
vince quello che combatte
a malincuore.[10]

La tradizione del T'ai Chi Ch'uan, tramandata dai grandi maestri sovente in forma poetica, dimostra la volontà di divulgare principalmente la via al benessere fisico e mentale: la via della lunga vita e della perpetua giovinezza.

INTRODUZIONE AL REI-KI 2

È bene disporsi con un atteggiamento calmo e comprensivo verso la persona, invitandola a mettersi a proprio agio, a togliersi scarpe, cintura, orologio e ogni oggetto di metallo che può rallentare il passaggio dell'energia, facendola sdraiare (magari con un cuscino sotto la testa e uno sotto le ginocchia) con la raccomandazione di non incrociare le gambe perché comporterebbe un ostacolo al flusso energetico.
È opportuno anche conoscere i disturbi che presenta e la loro localizzazione, fornire almeno qualche informazione sul Rei-ki, accennando anche alla sua storia, ai tempi e alle modalità di trattamento, all'eventualità che si manifesti una "crisi di guarigione", in cui il malessere sembra peggiorare prima di essere superato. È bene, infine tenere sempre a disposizione una coperta, il rilassamento potrebbe indurre sensazioni di freddo e brividi.
Il trattamento completo dura da un'ora a un'ora e mezza, mantenendo ogni posizione delle mani dai tre ai cinque minuti; in casi particolari il tempo può aumentare, poiché a volte sembra che le mani non vogliano proseguire e restino "incollate" in un determinato punto. È importante, passando da una posizione all'altra, mantenere sempre una mano sul corpo della persona per non interrompere il fluire dell'energia attraverso il contatto.

CONFUCIO, MAESTRO DI VIRTÙ

Il guardiano gli chiese: "Da dove vieni?". Tzu Lu rispose: "Da Confucio". Il guardiano disse: "Non è forse colui che sa di non poter cambiare il mondo, eppure cerca di farlo?" [11]

Il confucianesimo rappresenta, rispetto al taoismo, l'altro grande versante del pensiero antico cinese.

Probabilmente la filosofia di **Confucio** è anche più nota a noi occidentali per il fatto che, nella Cina imperiale, le elaborazioni successive della sua etica sono state assunte a codice morale, diffuso e imposto non solo come strumento di educazione civica, ma anche come materia di studio per chiunque coltivasse l'ambizione di accedere a una carica pubblica. Le intuizioni confuciane furono adottate, rielaborate (e anche forzate) dai curatori della cultura ufficiale, i cosiddetti "uomini dei metodi", fino ad assumere le caratteristiche di una quasi-religione di Stato.

K'ung fu tzu (latinizzato in **Confucio**, dove *tzu* significa "maestro") visse nell'antica Cina feudale fra il 551 a.C. e il 479 a.C., nel periodo storicamente noto come quello "degli stati guerreggianti".

Le più potenti case nobiliari si contendevano, tra guerre continue, l'egemonia sull'impero cinese destinato a non raggiungere l'unificazione fino al 222 a.C., con il prevalere sulle altre della nobile dinastia Ch'in (da cui il nome Cina).

I signori feudali si servivano per la gestione politica e amministrativa dei loro stati di esperti e consiglieri che, molto sovente nell'arco della loro carriera, si trasferivano da uno stato all'altro offrendo le proprie abilità e conoscenze a chi li sapeva accogliere nella maniera più degna. Succedeva talvolta che essi offrissero la propria dottrina a "privati ascoltatori", nobili o borghigiani, diventando in questo modo insegnanti di professione.

Confucio fu inizialmente uno di questi: un maestro, un educatore esperto di uomini completi, che ambivano ad assumere incarichi di prestigio nella società. Potremmo paragonarlo a un odierno docente universitario. La sua fama fu tale però che dopo la sua morte egli fu riconosciuto come *il* "Maestro" per antonomasia e il suo ideale politico ottenne un'adesione tale (la punta massima fu durante la dinastia Han, 206 a.C. - 220 d.C.) da fare del confucianesimo una vera e propria "religione civile".

Uomo di corte, egli ricopriva inizialmente un'importante carica amministrativa ma, per il suo rigore morale, non era troppo avvezzo ad avvallare comportamenti indegni e fraudolenti o meschini compromessi. Per chi ricopre cariche politiche ciò è sovente causa di discredito presso i detentori del potere e il rischio maggiore è quello di vedersi revocata la propria carica. Ciò fu infatti quello che al Maestro toccò in sorte. Vedendo a lungo rifiutati i propri servigi presso le corti a causa della sua intransigenza morale, egli decise di dedicarsi alla libera professione di insegnante raggiungendo in breve fama e

proseliti in numero tale da vedersi restituiti onore e stima.
Dalla sua morte, la Cina riserva a **Confucio** la stessa venerazione che le religioni monoteiste attribuiscono ai profeti.
Questo preambolo storico-politico ci è utile per capire in quale contesto presero forma e maturarono le speculazioni di **Confucio**, fondamenta dei suoi classici insegnamenti.
La sua opera nasce come un *corpus* di insegnamenti di carattere etico-politico, rivolto sia al sovrano che ai suoi sudditi e finalizzato al raggiungimento di un

Introduzione al massaggio

L'uomo è un'unità psicosomatica, non è quindi possibile considerare il corpo fisico diviso da quello emozionale.
Ogni corpo rivela la propria storia attraverso la postura, le tensioni muscolari, le zone dolorose... Per trovare la risposta a questi modi di essere, bisogna innanzitutto ritrovare la chiave che predispone la nostra persona al contatto con il corpo dell'altro, in modo che il rapporto tra massaggiatore e massaggiato, attraverso lo strumento del massaggio, diventi un "dialogo energetico" benefico per entrambi.
La comunicazione fra le persone attraverso il piacere del tatto è oggigiorno quasi completamente nulla, viene ammessa solo nel rapporto madre-bambino (e sappiamo quanto ciò sia vitale per il piccolo) e in quello di coppia. **La comunicazione attraverso il tatto ha delle grosse implicazioni affettivo-emotive e non ultime quelle sessuali**. La nostra proposta è quella di andare oltre... di superare tutte quelle barriere che ci impediscono di sfruttare e di godere fino in fondo del grosso potere che l'uomo ha nelle sue mani.
Una tesi ormai ufficialmente riconosciuta è quella dell'**unità funzionale tra mente e corpo**: ciò che succede nel corpo riflette quello che succede nella mente e viceversa.
La tensione continua e la rigidità a livello del corpo provocano la diminuzione dell'energia e della vitalità del soggetto.
I conflitti emotivi irrisolti e tutti gli "stress" cui siamo quotidianamente sottoposti determinano delle tensioni muscolari croniche che disturbano la salute emotiva dell'individuo. Tra l'altro, ogni muscolo contratto blocca dei movimenti.
Il corpo umano non scorda nulla di quanto avviene nella vita del soggetto.
Il nostro modo di essere e i nostri malesseri ci parlano di quella che è stata la nostra storia.
Riscoprire il proprio corpo significa riconciliarsi con esso, riconoscerne le ragioni, rispettarne i bisogni, diminuire le difese che lo inibiscono, acquisire la coscienza dell'unità organica.
Gli esercizi di massaggio e automassaggio hanno come obiettivo finale quello di recuperare l'armonia e l'individualità, riappropriandosi del proprio corpo.
È abbastanza difficile descrivere in cosa consista il massaggio: è stato definito un'"arte" poiché la sola conoscenza della tecnica non è sufficiente se non è supportata dall'"amore" per ciò che si sta facendo. Costituisce un rapporto unico e irripetibile che si instaura tra due persone in un preciso momento della loro vita e che determina una messa in moto di potenzialità ed energie profonde.
Ai benefici che riguardano la persona che viene massaggiata si aggiungono quelli di chi sta praticando il massaggio: questi gode del piacere di un **dialogo energetico** che gli comporta un inevitabile stato di benessere.

L'INSONNIA: UN PROBLEMA

Problema molto diffuso (si calcola che interessi annualmente il 30% della popolazione), l'insonnia a volte non è facile da risolvere: lo dimostra il grande numero di farmaci disponibili.

In realtà una terapia che vada veramente alle radici di questa diffusissima situazione non può prescindere da una riflessione che abbracci tutti gli aspetti della vita, dall'alimentazione al lavoro, dagli affetti all'attività fisica, dal consumo di droghe (come alcol, fumo e caffè) alle modificazioni dell'ambiente circostante...

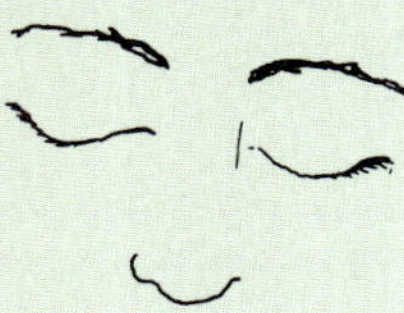

nuovo ordine sociale, contrapposto a un'assoluta mancanza di norme.

Dove imperava il disordine e valeva solo la legge del più forte, **Confucio** ebbe il coraggio di predicare e diffondere un elevato insegnamento morale, fondato sul concetto di *jen*: il principio di solidarietà fra gli uomini. Lo *jen* è anche qualche cosa di più che semplice solidarietà, implica un comportamento specificamente attivo (*chung*): l'adoperarsi per gli altri, il "fai ciò che vorresti fosse fatto a te", che prevede come principio complementare passivo (*shu*), ossia l'astenersi dal danneggiare gli altri, il "non fare ciò che non vorresti fosse fatto a te". Entrambi i concetti si pongono come valori imprescindibili per ogni forma di convivenza sociale.

Altri non meno importanti enunciati assegnano un corollario al tema fondamentale. Sistematizzati dai suoi seguaci ora in cinque, ora in dieci comandamenti o, meglio, prescrizioni, troviamo i principi di lealtà e sincerità, di amor filiale, di sottomissione al dovere nonché un costante invito allo studio, raccomandato come strumento di accrescimento interiore.

Per schematizzare il suo insegnamento **Confucio** dichiarò che era necessario venisse raggiunto il cosiddetto "raddrizzamento dei nomi". Ogni cosa, ogni ruolo sociale sappiamo possiede delle caratteristiche ideali intrinseche che sono giuste e rette. Ebbene, è necessario che il comportamento di ogni persona sia in ogni momento conforme all'ideale che il nome indica: "Che il governante sia governante, il ministro ministro, il padre padre, il figlio figlio".[12]

Gli uomini dovrebbero corrispondere nel loro agire quotidiano all'essenza che il nome dei loro ruoli esprime; ogni padre dovrebbe comportarsi secondo l'ideale di padre, così il figlio, il governante e così via.

Dalla sintesi dei due principi base, *chung* (principio positivo di *jen*, "fai agli altri...") e *shu* (principio negativo "non fare agli altri..."), deriva la dottrina confuciana del "giusto mezzo".

Possiamo dire che ognuno di noi possiede in sé l'unità di misura dell'agire corretto, così da poter mettere in pratica l'insegnamento del Maestro in ogni momento.

L'osservanza dei valori sopra descritti trova pratica applicazione nel rispetto di nuove e virtuose norme sociali, che per **Confucio** sono codificate nella ritualità.
Rispettare il cerimoniale, i rituali, iniziando dai più semplici e quotidiani, significa manifestare con il proprio comportamento l'adesione ai valori più profondi che essi rappresentano, significa dichiarare il proprio senso di appartenenza al gruppo, sia esso la famiglia o la società in senso più ampio.
Tzu yueh (che significa "dice il Maestro") è la formula con la quale iniziano tutti i detti di **Confucio**: ogni comportamento sia improntato a *yi*, rettitudine!
È importante però sottolineare come la rettitudine, cioè l'agire con senso del dovere, si ponga su di un piano diametralmente opposto a quello dell'agire per mera adesione alla norma o, peggio, per *li*, profitto, termine tenuto in grande disprezzo da **Confucio**:

Un uomo nobile si rivela
in ogni cosa secondo il dovere,
un uomo volgare
secondo l'interesse che può
derivargliene.[13]

L'essenza del messaggio di **Confucio** è comunque *jen*, che può essere tradotto semplicemente in "amore per gli altri", questo è il principio che rende immediatamente intelligibili le sue raccomandazioni: il padre agisca come un padre che ama il figlio, il figlio secondo l'amore che ha per il padre; il che, in una scala più ampia, diventa: solo colui che veramente ama gli altri è capace di adempiere ai propri doveri in società.

Il tributo a Confucio

L'eredità trasmessa dal pensiero confuciano alla pratica del T'ai Chi Ch'uan non risiede certamente solo nell'adesione ai rituali, anche se questi vengono tenuti dai maestri nella massima considerazione e la loro osservanza viene spesso raccomandata agli allievi.
La ritualità ha assunto, come abbiamo visto, un'importanza etica tale da regolare tutta la vita sociale cinese, fino ai giorni nostri; neanche le arti marziali si sottraggono quindi al doveroso tributo al Grande Maestro, anzi, esse tendono a dimostrare attraverso la ritualità un carattere distintivo che le nobiliti nei confronti delle altre semplici discipline sportive.
Così come nella vita sociale, nella pratica del T'ai Chi Ch'uan l'atleta, sia esso allievo o maestro, dimostra e dichiara attraverso un codice gestuale la propria adesione a quei principi di lealtà e rettitudine senza i quali ogni rapporto umano sarebbe seriamente compromesso.
Molto importanti sono poi quelle forme di "remissione" che l'allievo dimostra di accordare al maestro, così come il profondo rispetto che riceverà da lui.
La venerazione verso gli antichi maestri è un altro dei significati del cerimoniale che allievo e maestro sono tenuti a compiere poiché, come si è visto, la devozione verso l'antica tradizione testimonia il desiderio di preservare un sapere millenario che ci si assume l'impegno di tramandare. Un'umana, comprensibile, sete di eternità.

IL CH'AN, FILOSOFIA DEL SILENZIO

"Per giungere alla condizione di Budda non sono ammissibili sforzi deliberati. Solo metodo buono è quello di adempiere i più consueti e tranquilli compiti: svuotare gli intestini, orinare, indossare degli abiti, mangiare e una volta stanchi sdraiarsi. Ci sarà chi riderà di voi ma i saggi comprenderanno." [14]

Il *buddismo Ch'an*, ossia il buddismo cinese, nasce dal diffondersi in Cina di una delle due maggiori scuole indiane: il *buddismo Mahayana* o "Grande veicolo", la stessa che in Giappone prese il nome di *Zen*.

L'importazione del buddismo in Cina viene fatta risalire alla leggendaria figura di **Bodhidarma** che si suppone sia stato il ventottesimo patriarca in India. Venuto in Cina intorno al 520 d.C., egli divenne il primo *Tsu* (patriarca, antenato) della scuola *Ch'an* cinese.

La civiltà cinese venne profondamente influenzata dall'avvento di questo nuovo pensiero indiano e non solo nel campo della filosofia; anche letteratura e arti figurative ricevettero una nuova ispirazione. Una delle caratteristiche della diffusione del buddismo in molti paesi del continente asiatico, d'altro canto, risiede proprio in questa osmosi fra culture diverse. Il buddismo è sovente divenuto fattore di trasformazione per le culture nazionali dei paesi ospiti, ma ha assorbito, nel medesimo tempo, concezioni e prassi in vigore presso quei popoli che pure ne hanno indotto una trasformazione. È la natura estremamente duttile e tollerante di questa filosofia che ha reso possibile il suo diffondersi fra genti diverse. Essa non possiede una gerarchia ecclesiastica, non propone un codice formale di proibizioni, chiunque lo desideri può decidere di vivere in conformità con gli insegnamenti del **Budda**.

Anche in Cina, dunque, avvenne questa fusione fra dottrine: la stessa traduzione dal sanscrito di molti vocaboli indicanti concezioni buddiste adottò termini appartenenti alla terminologia taoista, come per esempio *yu* (essere), *wu* (non essere), *yu-wei* (azione), *wu-wei* (non-azione), per esprimere idee buddiste.

Sorprendentemente tale consuetudine non comportò alcuna incomprensione o alterazione, bensì quella sintesi tra buddismo indiano e taoismo, che dette origine al buddismo cinese o *buddismo Ch'an*.

L'età d'oro del *Ch'an* coincide con la dinastia T'ang (600-900), periodo di particolare splendore culturale per la Cina. A parte questa felice parentesi, tuttavia, l'accoglienza riservata a questa filosofia da parte del potere politico ufficiale non fu sempre improntata alla pacifica accettazione. Probabilmente la ragione di quest'avversione va ricercata in quei principi di elevazione spirituale che fanno del buddismo una religione estremamente individualista (in quanto rivolta all'individuo, cioè all'uomo pensante), senza proporre forme istituzionalizzate di controllo sui discepoli, né codici formali, anzi, rifiutando apertamente tutto ciò. È evidente la portata dissacratrice di queste teorie, funzionali più a un atteggiamento di insubordinazione che di accettazione dell'ordine sociale costituito. Se a ciò si aggiunge la forte adesione popolare che il buddismo ottenne in Cina, è comprensibile l'avversione di ogni potere centrale che voglia mantenere un dominio sulle coscienze dei propri sudditi. A ciò si aggiunsero motivi più strettamente politici: dove sorgevano, i monasteri si ponevano come centri di scambio culturale e quindi anche economico; spesso ai signori locali poteva dunque convenire stringere alleanze per assicurarsi la fedeltà delle comunità di religiosi. È chiaro che l'avvento di un nuovo dominatore comportava nuove ostilità e sovente persecuzioni per i monaci. È quanto accadde, ad esempio, al famoso monastero di **Shao Lin**, ferocemente perseguitato sotto la dominazione Manciù.

L'insubordinazione alle regole tipica del *buddismo Ch'an* è evidente anche nel sistema di propagazione del pensiero, fondamentalmente orale e diretta, rivolta più a raccomandare la pratica del principio che non a cercare di descriverlo verbalmente come facevano i commentatori indiani del *Sutra*. Il *Ch'an* si sviluppa quindi come corrente eterodossa rispetto al buddismo tradizionale, accentuando fortemente la moralità pratica. Esso risulterà fecondo per coloro che attuano l'insegnamento, non per chi si limita a credervi o a discuterne.

Per principio i maestri della scuola *Ch'an* insegnavano ai loro discepoli solo attraverso contatti personali. Per quanti non avevano occasione di avere tali contatti furono compilate raccolte di "casi", ossia di resoconti di dialoghi tra maestro e allievo che avevano condotto quest'ultimo all'illuminazione e che possono, pertanto, fornire preziose indicazioni. In tali raccolte vediamo che quando uno studente si arrischiava a far domande sui principi fondamentali del buddismo o sulla natura del **Budda** stesso, gli accadeva spesso di essere battuto dal maestro, o di riceverne risposte senza alcuna importanza. Il suo scopo era semplicemente quello di lasciar intendere allo studente che ciò che chiede non può avere risposta. Se riuscirà a capire questo avrà già capito molto.

Per esprimere l'idea del "primo principio", la Verità nel suo più alto significato, i maestri si servivano sovente del silenzio. La stessa parola *Ch'an* (traduzione dal sanscrito *Dhjana*) significa meditazione e, come tale, attribuisce particolare importanza alle pratiche di origine yogica. Solo attraverso concentrazione e meditazione si può arrivare al risveglio o "illuminazione", conoscenza e ragionamento sono assolutamente inutili. La natura buddica equivale all'identificazione dell'individuo con lo "spirito universale", questo è il traguardo, ciò che conduce all'emancipazione dalla ruota della nascita e della morte (*Samsara*), il desiderato *Nirvana*. Ma tale natura deve essere cercata solo nel nostro intimo. I maestri *Ch'an* vogliono mettere in evidenza l'inutilità di atti particolari per educarsi spiritualmente. Occorre invece fare il vuoto, abolire il pensiero intenzionale (*wu hising*). Chi non comprende ciò è perché è troppo legato agli oggetti e soffre per gli ostacoli. Bisogna riuscire ad agire senza deliberati sforzi o premeditazioni, con naturalezza, ma per fare

questo è indispensabile staccarsi dal desiderio delle cose.
«Da principio occorrerà un certo sforzo per essere senza sforzo, far uso di precise intenzioni onde esserne privo, proprio come per dimenticare bisogna prima ricordare che si deve dimenticare. In seguito verrà il momento in cui si dovrà eliminare lo sforzo di essere senza sforzo e l'intenzione di essere senza intenzione, proprio come alla fine ci si dimentica di ricordare che si deve dimenticare».[15]
L'educazione, la preparazione, avrà toccato il vertice con l'illuminazione improvvisa, come lo spiccare un salto di fronte a un precipizio e raggiungere l'altra parte: i buddisti usano la metafora "raggiungere l'altra riva", raggiungere lo stato di *Nirvana*.
Nel passare dallo stato di errore all'illuminazione il saggio *Ch'an* ha lasciato da parte la sua umanità mortale ed è entrato nello stato supremo ma, fatto questo, egli deve nuovamente rientrare a far parte dell'umanità mortale.

Giunti all'altra riva, tornate e vivete su questa riva.[16]

Nonostante il saggio continui a vivere su questa riva la sua comprensione dell'altra non è stata invano. Benché egli faccia ciò che gli altri fanno, ogni cosa per lui assume un diverso significato:

Ciò che l'uomo fa non è diverso da quello che faceva prima, ma è proprio l'uomo che è diverso da ciò che era.[17]

T'ai Chi Ch'uan, azione della mente

Lo influsso del *buddismo Ch'an* nella pratica del T'ai Chi Ch'uan può non apparire manifesto ma è invece determinante. Innanzitutto dal buddismo è stata derivata la natura assolutamente pacifista della disciplina che, viene ribadito sovente, non evolve necessariamente in combattimento e possiede comunque scopi esclusivamente difensivi. In secondo luogo vale l'affermazione che non un mare di parole né una montagna di scritti (questo compreso!) potranno giovare a colui che vuole raggiungere la comprensione senza la pratica costante. Ciò che in termini filosofici è definita "illuminazione" e che noi potremmo chiamare riuscita, non può venire solo con lo studio della teoria; l'applicazione pratica dell'insegnamento appreso direttamente dal maestro è l'essenza dell'apprendimento.
Potremmo tentare una sintesi, richiamando il concetto di unità fra corpo e mente. Il T'ai Chi Ch'uan è esso stesso unità fra corpo e mente, il fine, il traguardo da raggiungere è la perfetta sincronia tra azione e pensiero; la tecnica perfetta è data da quell'azione che viene eseguita nello stesso tempo nel quale viene pensata. Ma tutto ciò sarà perfetto quando avverrà nella più immediata naturalezza. La filosofia buddista è davvero illuminante in questo senso quando ci dice che il raggiungimento dell'illuminazione, che noi potremmo definire della comprensione ai livelli più alti, non ci rende dei semi-dei, non ci porta a fare nulla di diverso da ciò che facevamo ogni giorno (il famoso ritorno su "questa riva" dopo aver raggiunto l'"al-

Gli effetti del massaggio

In genere si ritiene che il massaggio sia una prerogativa di persone specializzate, facendogli così assumere un carattere strettamente medico. Sicuramente lo studio del corpo umano è importante per capirne la fisiologia e la patologia, ma ciò non è sufficiente per massaggiare. Spesso succede che il massaggio eseguito da una persona cara produca lo stesso effetto benefico – e forse più – di quello effettuato da un famoso esperto. Come abbiamo precedentemente detto, il massaggio è più di una tecnica: è un "rapporto" che si stabilisce tra chi massaggia e chi viene massaggiato. Dovremmo lasciare da parte certi timori e farci guidare dal nostro istinto, come quando inconsapevolmente, per far passare il mal di testa a un amico, gli si massaggia dolcemente la nuca o, per alleviare il suo male alla schiena, gli passiamo più volte il palmo della mano sulla zona colpita.

Il massaggio svolge sí un'azione nel punto preciso dove viene eseguito, ma l'effetto poi si espande generando un benessere ancor più globale.

- Non c'è niente di meglio di un massaggio per mobilizzare l'energia bloccata, quando, per esempio, improvvisamente ci accorgiamo di essere terribilmente contratti in tutto il corpo e di respirare molto superficialmente.

- Riattivazione della circolazione: quando si massaggia si provoca una dilatazione dei vasi sanguigni presenti sotto la cute e ciò determina un afflusso maggiore di sangue nelle cellule.

- Il massaggio comporta la distensione della muscolatura in seguito all'attivazione della circolazione linfatica e venosa.

- Con il massaggio si ha un miglioramento delle condizioni di nutrizione, in seguito alla liberazione dei rifiuti cellulari attraverso l'eliminazione delle tossine messa in atto dalla circolazione venosa.

- Il massaggio determina un riequilibrio dei livelli ormonali e un miglioramento dell'ossigenazione dei tessuti.

- Un buon massaggio ha, infine, un effetto benefico su tutto il sistema nervoso. Non si deve infatti dimenticare che originariamente, nella divisione cellulare, la pelle e il sistema nervoso derivano dallo stesso foglietto ectodermico.

Ashley Montagu, noto anatomista e antropologo, ha studiato il significato del tatto sullo sviluppo fisico.
Dalle ricerche effettuate risulta che la stimolazione tattile è assolutamente indispensabile per la sopravvivenza dell'organismo. La deprivazione tattile nell'infanzia di un individuo ne impedisce il sano sviluppo fisico e psichico e determina carenze comportamentali nell'età adulta.
La stimolazione tattile viene quindi considerata come un bisogno primario che deve essere soddisfatto. Gesti e parole che esprimono affetto sono quindi vitali per i bambini, ma anche per gli adulti.

tra riva"), eppure tutto acquista un'altra dimensione, le nostre azioni non sono più le stesse perché noi abbiamo una nuova coscienza di esse. A questa condizione tuttavia è difficile giungere, non impossibile. Occorre imparare a distaccarsi dalle cose per concentrarci (con-centro) su di noi. Il concetto di *Wu-Wei* (già proprio del taoismo e ripreso nel pensiero buddista, come abbiamo visto) significa proprio che dobbiamo imparare a fare il vuoto in noi stessi, ossia a liberarci da tutti quei pensieri che ci legano agli oggetti, al mondo. Significa elevarsi o distaccarsi, riuscire a "essere il proprio centro". Questa è la condizione attraverso la quale è possibile raccogliere l'energia di cui parleremo in seguito.

Ma come si può arrivare a "fare il vuoto"? Qui entra in gioco la pratica, poiché la via può non essere la stessa per tutti. I saggi *Ch'an*, come abbiamo visto, raccomandano il silenzio, nel silenzio si può dimenticare ciò che sta intorno, il corpo diventa trasparente e vuoto. Questa è la condizione per consentirci di usufruire al massimo della nostra energia mentale che simultaneamente deve diventare azione. Oltre, le parole non possono andare.

INDICAZIONI PER I MASSAGGI

Il massaggio può rappresentare la terapia di base o essere complementare ad altre terapie in parecchi disturbi. È comunque utilissimo **anche per le persone che godono di buona salute**.

È indicato in caso di mal di schiena, mal di testa, nei disturbi digestivi. Stimolando la bile si può sollecitare il transito intestinale. È sicuramente efficace nelle contratture, atrofie muscolari, tendiniti, distorsioni, stiramenti muscolari, slogature. Ha una azione benefica nei casi di problemi respiratori. Fornisce aiuto a chi soffre di problemi circolatori, vene varicose, crampi, edemi degli arti, gambe pesanti.

Allevia il dolore nei casi di reumatismo.

Il massaggio distende le persone stressate, ansiose, nervose; **aiuta ad accettare maggiormente il proprio corpo e perciò l'intera persona**. Aiuta a ridurre i depositi di grasso e a rendere più tonici i tessuti. Ci si ricordi che è però controindicato massaggiare quando è in atto un processo infiammatorio e su parti del corpo arrossate e turgide e quando la temperatura corporea è elevata.

La storia, gli stili, l'energia

Storia e stili del T'ai Chi Ch'uan

Wu shu è il nome con il quale in Cina vengono indicate le arti marziali tradizionali nel loro insieme. Nell'ex protettorato britannico di Hong Kong, esse presero il nome di Kung Fu, ed è con questo termine che divennero popolari in occidente.

Nel termine *Wu shu* è dunque compreso un insieme di discipline che principalmente viene suddiviso in due grandi categorie: *Wai chia* o "stili esterni", e *Nei chia* o "stili interni".
Possiamo dire che gli stili esterni comprendono quelle discipline nelle quali gli esercizi di cultura fisica (forza, velocità, agilità) possiedono particolare evidenza.
Gli stili cosiddetti interni ripongono invece particolare cura nell'aspetto meditativo, nello sviluppo di quella che viene definita "energia interna".
Ricordiamoci però che questa distinzione ha un carattere puramente formale perché in realtà nessuno stile esterno prescinde dal momento teorico-meditativo, così come gli stili interni attribuiscono fondamentale importanza sia alla pratica fisica che all'applicazione marziale della disciplina. Il principale stile appartenente al gruppo *Wai chia* è lo *Shao Lin Ch'uan* che sovente in occidente viene fatto coincidere con il *Kung Fu*.
Il T'ai Chi Ch'uan rappresenta invece il principale fra gli stili del gruppo *Nei chia*, al quale appartengono anche lo *Hsing I ch'uan* ("pugilato della forma e della mente") e *Pa Kua Chang* ("il palmo degli otto trigrammi").
La storia della creazione dello *Shao Lin Ch'uan*, come del T'ai Chi Ch'uan, è ammantata di leggenda, tramandata oralmente da maestro ad allievo, destinato a sua volta a diventare maestro. È pertanto difficile verificarne la veridicità, ma poiché ogni leggenda contiene un fondo di storia reale, e mostra sempre preziosi insegnamenti, ve ne forniamo una sintesi.
La creazione dello *Shao Lin Ch'uan*, ad esempio, verrebbe attribuita niente meno che al patriarca buddista **Bodhidarma** (in cinese *Da mo*), il monaco pellegrino arrivato dall'India al quale si fa risalire la fondazione del monastero di Shao Lin nella provincia di Ho Nan.
Si narra che nel monastero della "Giovane Foresta" (*Shao Lin*) i giovani novizi venissero sottoposti a un duro programma di allenamento fisico. La giornata iniziava all'alba ma si concludeva parecchie ore dopo il tramonto; al pasto, frugale e vegetariano, veniva dedicata solamente un'ora. L'impegno doveva essere egualmente ripartito tra la meditazione e il durissimo esercizio fisico, rivolto inizialmente all'acquisizione della pratica del placare il dolore con l'aiuto della concentrazione. Per irrobustire i muscoli il peso del corpo veniva appesantito con sacchetti di sabbia legati agli arti, le mani e le dita dovevano essere esercitate a colpire ostacoli via via più duri: da sacchetti di fagioli secchi a fasci di carta, poi legno, infine mattoni. Particolare impegno doveva essere posto nell'affinamento della vista e dell'udito.
Ai giovani novizi veniva mostrato come sviluppare fortemente l'attenzione:

«... siate attenti come il pesce, egli non chiude mai gli occhi».

La preparazione durava vent'anni e al suo termine gli allievi venivano sottoposti a una durissima prova: sostenere l'attacco dei loro stessi maestri. Il combattimento si svolgeva nella corte prospiciente il monastero, l'allievo doveva sostenere l'attacco di tutti e trentasei i maestri, solo chi fosse riuscito a conquistare illeso la **Grande Porta** (l'ingresso principale del monastero), avrebbe potuto divenire monaco di **Shao Lin**.

La fama di invincibilità che la tradizione attribuisce ai monaci di **Shao Lin** fu accresciuta dalla clamorosa, storica, impresa dei tredici monaci lottatori che, intorno all'anno 600, salvarono la vita all'imperatore Tai song della dinastia Tang, caduto in un rovinoso agguato.

Le tecniche di questa lotta, tuttavia, non rimasero patrimonio segreto dei monaci che, pur rimanendone maestri indiscussi, aprirono il loro sapere all'insegnamento presso la popolazione contadina che se ne serviva per difendersi dalle scorrerie dei conquistatori.

Sappiamo che la storia del monastero è stata percorsa da alterne fortune: se al massimo del suo splendore a Shao Lin vivevano più di duemila monaci, sotto la dominazione Manciù i monaci conobbero la più crudele persecuzione. Il monastero fu distrutto, ricostruito e distrutto ancora e, se i monaci dovettero fuggire disperdendosi per tutta la Cina,

Introduzione all'ipnosi

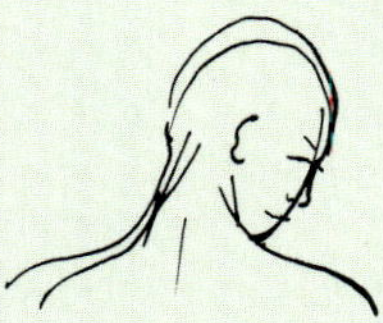

L'ipnosi è una strada che conduce alla nostra mente, un sentiero veloce, a volte rapido e scosceso, a volte in salita, ma sempre adattabile alle circostanze che si presentano nel corso della ricerca. Ipnosi è comunicazione, **un livello di comunicazione profonda** che si instaura tra due individui, uno scambio di segnali visibili e non manifesti, densi di rispetto, in cui la capacità di ascoltare regna sul potere suggestivo.

La suggestione ipnotica è quel particolare tipo di comunicazione che consente di superare la **griglia cosciente**, accedere all'inconscio dell'individuo e comunicarvi direttamente. L'uomo non ha limiti, se non quelli che egli stesso si pone. Tramite l'ipnosi, potrete superare questi limiti e aprire nuove possibilità a voi e agli altri.

L'ipnosi funziona. Ricerche cliniche e sperimentali dimostrano e spiegano perché l'ipnosi sia così efficace contro malattie ostinate, come per esempio le dermatopatie; dimostrano inoltre che è un mezzo adatto per la terapia del dolore tanto da poter sostituire l'anestesia farmacologica.

Dell'ipnosi, oggi, si sa davvero molto. La sua definizione come stato di coscienza "altro" è doppiata dal rilassamento fisico. L'individuo ipnotizzato è un individuo che si lascia ipnotizzare; in questo stato di acconsentimento, l'elemento-chiave è costituito dall'emisfero cerebrale sinistro che viene "aggirato" in misura più o meno ampia. In questo modo, i suggerimenti possono essere accettati acriticamente dal soggetto e, quindi, tradotti in azione concreta. Oppure, si può fare in modo che riemergano alla coscienza ricordi repressi.

COS'È L'ANSIA?

È una condizione che non ha bisogno di molte spiegazioni, tanto è diffusa oggi. Eccessiva suscettibilità, eccitazione immotivata, irritabilità estrema sono i sintomi che devono allarmare.
Spesso questa è la vera causa dei malesseri che affliggono parecchie persone.
E a sua volta, naturalmente, il nervosismo è causato dall'insoddisfazione profonda con cui molti vivono il proprio lavoro, i propri affetti, la propria vita...

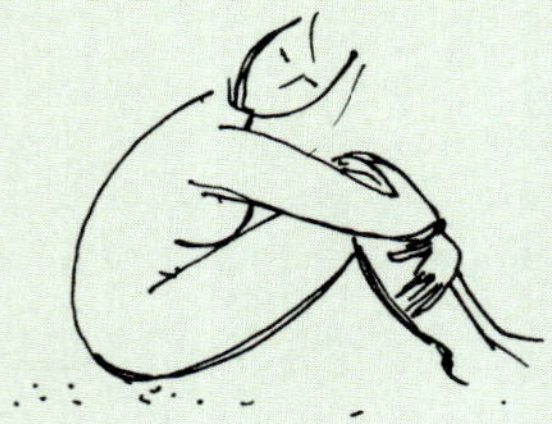

ciò contribuì, se non altro, alla diffusione sia del pensiero buddista che dei preziosi principi della nobilissima arte.

Al T'ai Chi Ch'uan viene attribuita invece un'origine molto più pacifica.

La sua creazione deriverebbe dalle meditazioni del monaco taoista Chang San Feng, ritiratosi in isolamento ascetico sul monte Wudang Shan, nella fertile provincia di Hubei, dove oggi sorge il meraviglioso **Tempio della Nube Purpurea**, solo uno dei trentatrè padiglioni edificati sul monte.

Vissuto tra la fine del 1200 e l'inizio del 1300, **Chang San Feng** mise a punto una serie di "esercizi rotatori", ispirati al ben noto principio taoista della polarità fra le due forze: *Yin* e *Yang*. I movimenti prescritti erano da eseguirsi in uno stato di completo rilassamento fisico e spirituale ed erano finalizzati al raggiungimento di quella suprema armonia fra movimento e respirazione. La tradizione vuole che egli traesse ispirazione dall'osservazione della natura; l'aneddoto più famoso racconta della lotta fra una gru e un serpente che vide vincitore quest'ultimo grazie all'abilità dei suoi movimenti, pur così lenti e flessuosi, contrapposti ai veloci ed energici attacchi della gru.

Solo le conseguenze estreme di questa pratica, in teoria così rilassante e meditativa, avrebbero dovuto condurre a tradurla in una forma di lotta, sebbene a scopo difensivo.

Il **Combattimento della Suprema Polarità** (questo è il significato del termine T'ai Chi Ch'uan) risultò piuttosto utile in quel periodo storico che va dal 475 al 222 a.C. e che venne denominato "degli stati combattenti". Lo stato di Chu, sotto il quale era il monastero, era costantemente in lotta con quelli circostanti e il periodo di guerre continue non trovò tregua che con l'unificazione del territorio sotto la dominazione della dinastia Ch'in.

Vivere in pace, nell'isolamento del monte Wudang Shan, fu un bene che i monaci dovettero conquistarsi, se si risolsero a dedicarsi all'elaborazione di una versione marziale della loro arte.

Anche il T'ai Chi Ch'uan, come lo *Shao Lin Ch'uan*, non fu destinato a rimanere appannaggio di pochi religiosi, essi ne diffusero fra la popolazione l'insegnamento. Pare che fossero invece gli allievi a esserne gelosi, tanto da preferire di coltivarne la conoscenza limitandola all'ambito della propria famiglia. In quest'ottica, anche l'ipotesi che in realtà l'applicazione marziale dell'antica ginnastica sia stata creata fuori dal monastero, fra la popolazione civile, non sarebbe da scartare. Se vi prestiamo fede potremmo allora affermare che la creazione del T'ai Chi Ch'uan è dovuta al capostipite della famiglia Ch'en, **Ch'en Wang T'ing**, vissuto nel diciassettesimo secolo in un villaggio della provincia di Hunan, confinante con quella di Hubei, dove si trova il monastero del monte Wudang.

La famiglia Ch'en custodiva dunque gelosamente la tradizione del T'ai Chi Ch'uan, tramandando gli insegnamenti solo ai propri discendenti. Il capostipite della famiglia Yang (altra storica stirpe) dovette ricorrere (così è stato tramandato) a uno stratagemma per accedere ai segreti dell'antica disciplina. Per poterlo osservare di nascosto egli si fece assumere come servitore dal maestro **Ch'en Ch'ang Hsing** (vissuto nella prima metà del 1800), il quale naturalmente lo scoprì, ma accorgendosi della straordinaria abilità dell'indesiderato allievo, decise di accordargli la sua stima e i suoi insegnamenti.

Yang Lu Ch'an divenne così il vero diffusore dell'arte del T'ai Chi Ch'uan. Invincibile, ma di animo generoso e modesto, acconsentì a trasmettere il suo insegnamento a una moltitudine di gente nella sua famosa scuola di Pechino. La sua popolarità lo portò a diventare maestro alla corte dei Ch'ing, dove fu chiamato a insegnare il T'ai Chi Ch'uan alle guardie imperiali. La sua discendenza ci porta fino ai giorni nostri, a **Yang Ch'eng Fu**, scomparso nel 1936, al quale si deve uno dei grandi testi di teoria: *I dieci principi fondamentali del T'ai Chi Ch'uan*.

L'insegnamento del T'ai Chi Ch'uan prese così due direzioni distinte: una che potremo dire divulgativa, che riguarda quell'aspetto di ginnastica salutare che ammette l'insegnamento in pubblico, l'altra, più selettiva, che riguarda l'arte marziale vera e propria e che prevede una didattica circoscritta a un minor numero di allievi. Ne parleremo meglio trattando degli stili dell'arte.

Gli stili T'ai Chi Ch'uan

Negli stili derivati da questa disciplina possiamo trovare riflessa la sua stessa storia. Ogni maestro ha comunicato all'allievo le proprie conoscenze e lo ha guidato durante la sua formazione, in questo modo si è tramandata la tradizione. Ogni allievo, a sua volta divenuto maestro, ne ha interpretato gli insegnamenti e li ha adeguati al cambiamento dei tempi, in questo modo il T'ai Chi Ch'uan è evoluto e si sono differenziati i vari stili.

Le posizioni del corpo, unite alla velocità dei movimenti (e in definitiva alla loro finalità), definiscono l'orientamento dal quale si può individuare un particolare stile: ciò che i maestri chiamano "intelaiatura".

Ta Chia: la grande intelaiatura

Si deve a **Yang Ch'eng Fu**, discendente della famiglia Yang, morto nel 1936 all'età di 56 anni, la sistemazione definitiva dello stile tradizionale che dalla stessa famiglia Yang ha preso il nome. L'essenza dello stile *Yang* è costituita da "una grande intelaiatura" (*Ta Chia*): le posizioni che caratterizzano questo stile sono ampie, i movimenti morbidi, lenti e continui, ma questi solidi principi di base possono condurre ad applicazioni marziali caratterizzate da grande vigore.

Lo stile Ch'en: la vecchia intelaiatura

La "vecchia intelaiatura", dalla quale lo stesso stile *Yang* ha tratto i suoi principi, è naturalmente quello custodito e diffuso dalla famiglia Ch'en, una delle più antiche nella storia del T'ai Chi Ch'uan, dalla quale discende il grande maestro **Chien Ch'ang Hising**, vissuto nella prima metà del secolo scorso.
Fu dai suoi insegnamenti che il giovane Yang derivò l'orientamento alla lentezza, ai movimenti morbidi, anche se l'antico stile prevedeva un ben più complesso gioco di alternanze fra movimenti morbidi e altri più rapidi e duri. L'essenza dello stile *Ch'en* era data dalla profonda dedizione allo studio dell'arte marziale, non certamente accessibile a tutti ma bensì a un numero molto ristretto di allievi selezionati ai quali i segreti del T'ai Chi Ch'uan venivano trasmessi.
Già verso la metà del secolo scorso due fra i più grandi discendenti della famiglia Ch'en, **Ch'en Yu Pen** e **Ch'en Ching Ping**, si risolsero a semplificare notevolmente la "vecchia intelaiatura", proprio per consentire una maggiore diffusione dell'antica disciplina anche oltre il ristretto ambiente della scuola d'arti marziali.

Hsiao Chia: la piccola intelaiatura

L'inizio del nuovo secolo vede progredire questo processo di semplificazione a opera degli allievi della famiglia Ch'en. Il maestro **Wu Yu Hsiang** arrivò a sintetizzare quella che venne definita "piccola intelaiatura" o **Hsiao Chia**. Nel suo saggio, ormai diventato testo classico del T'ai Chi Ch'uan, *Spiegazione della pratica fisica e mentale delle tredici tecniche dinamiche*, egli operò una notevole riduzione dell'ampiezza dei movimenti, semplificazione che certamente consentì alla disciplina di acquisire maggiore e notevole diffusione, e alla "piccola intelaiatura" di essere riconosciuta come lo stile principale, noto ormai con il nome di stile *Wu*.

Chung Chia: la media intelaiatura

La semplificazione proposta dal maestro **Wu Yu Hsiang** apparve forse eccessiva se il maestro **Wu Chien Ch'uan** (1870-1942) sentì la necessità di operare quel parziale recupero della tradizione che condusse all'elaborazione della "media intelaiatura" o **Chung Chia**. Non molto dissimile dallo stile *Wu*, la "media intelaiatura" è caratterizzata, oltre che da movimenti di media ampiezza, dall'inclinazione in avanti delle posture.

Huo Pu Chia: intelaiatura dei passi veloci

Su di un altro versante proseguì lo studio delle piccole posizioni caratterizzate da movimenti agili e veloci. Di questo stile si parla però, in quasi tutti i testi, come di una nuova creazione, opera di una interpretazione della teoria classica da parte del maestro **Sun Lu T'ang** (1861-1932). Lo stile *Sun* è accettato come opera di un grande conoscitore, il suo ideatore era infatti noto maestro di altre discipline "interne": *Pa Kua Chang* ("il palmo degli otto trigrammi") e *Hsing I Ch'uan* ("la boxe della forma e della mente").

Oggi

Siamo finora rimasti all'interno della tradizione del T'ai Chi Ch'uan e possiamo facilmente comprendere come le trasformazioni introdotte dalla Grande Rivoluzione Culturale, attuata in Cina nel nostro secolo, possano aver influito in maniera rilevante sullo stile dell'antica disciplina, anche se ciò non è arrivato a intaccarne i principi fondamentali.
L'imperativo imposto dal regime comunista di consentirne la diffusione presso un grande numero di persone ha forzatamente portato a una semplificazione dei concetti e delle tecniche che dalla speculazione filosofica derivano.
Pochi esercizi, di esecuzione accessibile a persone di tutte le età e dalle capacità differenti, costituiscono oggi l'essenza del T'ai Chi Ch'uan cosiddetto "di strada", proprio perché praticato negli ampi spazi verdi di cui sono dotate le città della Cina. Uomini e donne di tutte le età si trovano quotidianamente, preferibilmente nelle prime ore del mattino, a praticare lenti esercizi, sovente sotto la guida di un silenzioso maestro. La pratica del T'ai Chi Ch'uan assume qui l'aspetto di una salutare ginnastica per il corpo e per la mente: quasi un "rituale del risveglio". Questa forma, per così dire "diluita" di T'ai Chi Ch'uan, ne ha favorito la diffusione anche fuori dai confini della grande Cina, senza tuttavia impedire all'altro versante della disciplina, il T'ai Chi Ch'uan cosiddetto "di scuola", di proseguire il proprio cammino.
La meditazione più profonda sui concetti fondamentali e più complessi del T'ai Chi Ch'uan trova oggi la sua massima espressione nell'arte marziale che il rigido schematismo imposto dal clima culturale tipico della Repubblica Popolare ha voluto far rientrare nella categoria del *Wu Shu*, cioè delle arti o tecniche marziali, ma anche ginniche, artistiche o acrobatiche, che vengono insegnate nelle scuole. Sappiamo invece che la pratica coerente del T'ai Chi Ch'uan non può prescindere dall'aspetto meditativo da cui il movimento prende forma e sostanza (da qui la sua definizione di "stile interno"), e pertanto è incompatibile con un approccio superficiale.
Anche se il suo insegnamento può essere ridotto per facilità a un limitato numero di posture, tuttavia resta implicito che l'allievo dovrà disporsi all'approfondimento interiore e alla dedizione all'arte, naturalmente sotto la guida di un bravo maestro.

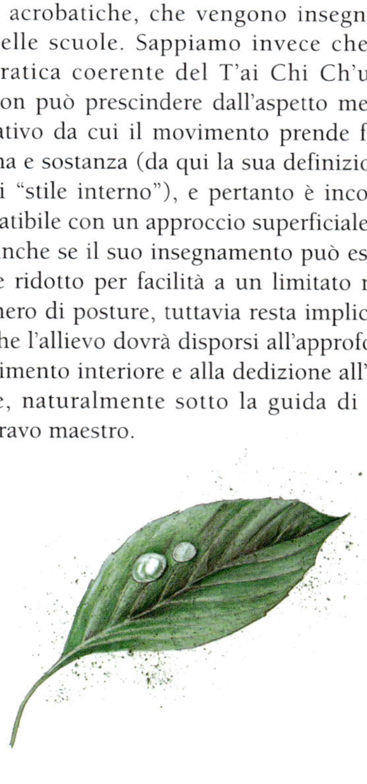

La teoria delle tre energie

Abbiamo visto come il pensiero cinese descrive l'universo e ne spiega l'origine attraverso l'assunto dell'esistenza di un'entità, impercepibile attraverso i sensi, che viene chiamata Tao.

Dal *Tao* ha origine l'essere e il meccanismo di creazione dell'essere è un principio dinamico.

Il "non-essere" è uno stato indifferenziato (*wu chi*), l'essere è invece dato da una prima suprema differenziazione tra due poli: *Yin* e *Yang*, e viene chiamato *T'ai chi*, "suprema polarità". Il termine "polarità" con il quale è stato tradotto il sistema *Yin-Yang* contiene in sé il principio di scambio di energia tra polo positivo e polo negativo. Lo stesso diagramma che rappresenta il T'ai Chi viene generalmente corredato dal segno dei vettori di movimento, due frecce che simboleggiano la rotazione incessante di *Yin* e *Yang*.

Il movimento non può essere dato se non vi è energia. Questo principio è costantemente presente nel sistema di pensiero cinese che tende a ricondurre ogni avvenimento a un fatto energetico.

È normale, quindi, ritrovare questo principio applicato allo studio del corpo umano.

La medicina tradizionale cinese è una medicina energetico-funzionale, ossia interpreta tutti i fenomeni fisiologici e fisiopatologici come variazioni della modulazione di energia propria dell'individuo.

Lo studio di queste energie, della loro natura e della loro dinamica all'interno del corpo, è alla base sia della spiegazione dei processi "regolari", fisiologici, sia di quelli dai quali si generano gli stati patologici, le malattie.

Anche il T'ai Chi Ch'uan, in quanto disciplina psico-fisica, attinge la sua teoria dal sistema medico-scientifico tradizionale, fondato sul concetto di energia.

Nella pratica del T'ai Chi Ch'uan è indispensabile conoscere la natura delle energie vitali e i canali principali attraverso i quali esse percorrono il corpo.

La conoscenza, la concentrazione e la capacità di utilizzo di queste forme energetiche nella pratica fisica sono per il T'ai Chi Ch'uan di fondamentale importanza.

È doveroso sottolineare che quanto andiamo ad esporre può essere utile per illustrare i principi sui quali la meditazione psico-fisica è incentrata, ma non vuole in nessun modo costituire una guida esaustiva per la pratica.

Ciò che vi proponiamo può quindi costituire una base teorica esplicativa ma non certo porsi in alternativa all'insegnamento diretto da parte di chi possiede anni di esperienza.

Sono comunque indispensabili alcune nozioni sulla natura di queste forme di energia e sul loro sistema di circolazione all'interno dell'organismo.

Si tenga inoltre presente che la forma di classificazione semplificata qui proposta non è l'unica e che anche i termini usati per designare le varie forme possono cambiare a seconda del testo che si consulta: ciò deriva principalmente da problemi di traduzione.

I MERIDIANI YIN E YANG

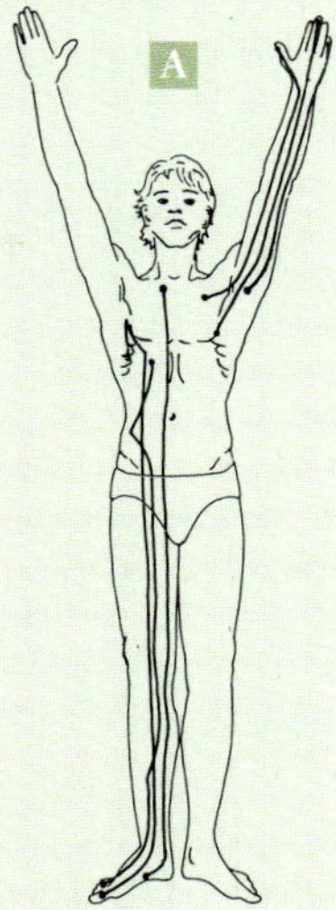

Meridiani Yin

I canali che trasportano il *ki* o "energia vitale" attraverso il corpo vengono definiti meridiani e si suddividono tra *Yin* (A) e *Yang* (B). Per la precisione ci sono sei meridiani *Yin*, sei *Yang* e due che corrono lungo i lati addominale e dorsale del corpo. Gli stessi meridiani da noi indicati nella parte sinistra del corpo si ripetono anche nella parte destra.

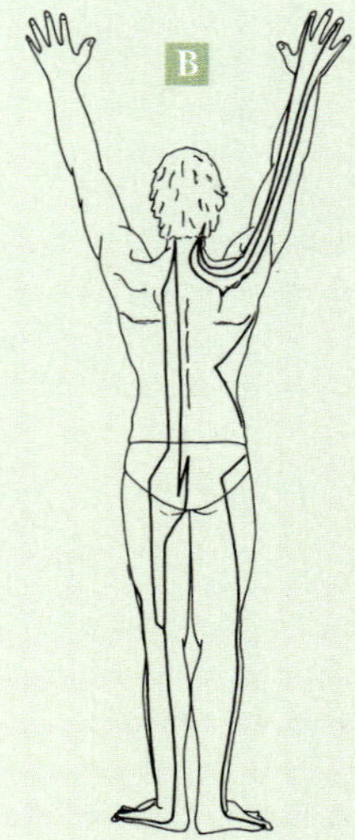

Meridiani Yang

TSUBO

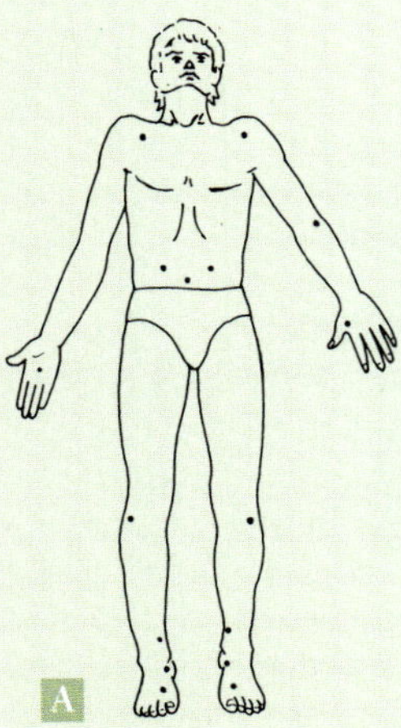

Lungo i meridiani del corpo sono localizzati gli *tsubo*, corrrispondenti ai punti dell'agopuntura. Attraverso l'azione su di essi il *ki* (energia vitale) può essere facilmente raggiunto e manipolato.

I disegni A e B visualizzano schematicamente i principali *tsubo*.

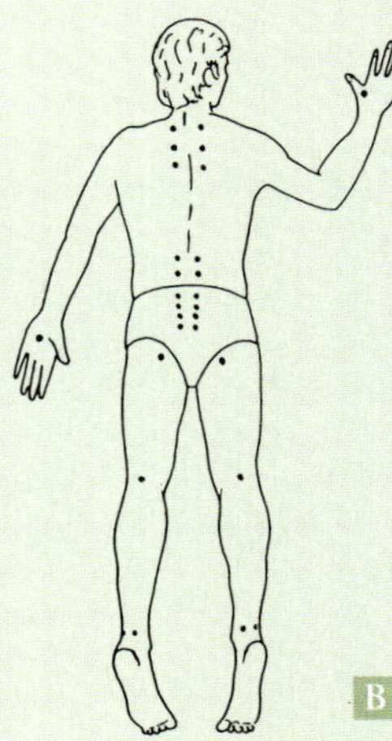

Yin e Yang: potenzialità e movimento

Yin e *Yang* possono essere considerate come due forze complementari e antagoniste di una stessa energia.

Il principio che governa la loro interazione è l'equilibrio, la conservazione dell'energia. Così a ogni accelerazione corrisponderà un freno, a ogni forza centrifuga una forza centripeta e a ogni produzione una distruzione.

Ogni forma di energia che il nostro corpo possiede è composta da una fase *Yang* e da una fase *Yin*.

Yin rappresenta uno stato relativo di energia, la potenzialità energetica, *Yang* rappresenta lo stato di movimento.

La prima energia è prodotta dalla disintegrazione della materia, la seconda produce e dà forma alla materia. La prima viene acquisita inizialmente nella sua quantità determinata e viene consumata nella produzione della seconda, la quale a sua volta darà origine a un processo dinamico transitorio che termina dove inizia il successivo.

Agopressione

Questa tecnica terapeutica ha una tradizione millenaria e fa parte integrante della cultura e della scienza medica cinese. Anche se i primi riferimenti scritti si trovano nell'opera Nei Ching (attribuita all'imperatore Huang Ti, vissuto tra il 2697 e il 2596 a. C.), le origini del suo impiego si perdono nella storia dell'umanità.

Secondo il pensiero orientale, tutto l'universo e i suoi abitanti sono regolati dall'equilibrio tra due forze opposte, lo *Yin* e lo *Yang*.

Noi viviamo di energia. Una parte dell'energia che presiede al funzionamento dell'organismo deriva dall'esterno: il nutrimento ingerito, il cibo e l'aria respirata. La quantità di tale risorsa è variabile e accumulabile poiché se non viene raccolta una sufficiente riserva di energia non possono avvenire processi di attività.

Una parte consistente di energia ci viene invece attribuita al momento del concepimento e durante la vita subisce delle trasformazioni, ma è comunque destinata a decrescere ed esaurirsi; questa è l'energia originaria od ancestrale.

Ching e Ch'i: essenza ed energia interna

La distinzione fra energia allo stato di potenza ed energia di movimento ci è utile per comprendere la natura delle due forme di energia fisiologica denominate *Ching*, "l'essenza" e *Ch'i* o "energia interna", quella che presiede a tutte le trasformazioni in atto nell'organismo.

Entrambe, o meglio, la trasformazione dell'una nell'altra, permette lo svolgersi delle nostre funzioni vitali: lo scopo della meditazione e della pratica del T'ai Chi Ch'uan è quello di accumulare e utilizzare al meglio queste preziose risorse.

L'energia ancestrale

Una parte del nostro "patrimonio energetico" complessivo ci è stata assegnata alla nascita. Essa deriva dalla fusione dell'energia del padre e della madre che ci viene assegnata come eredità. È la forza vitale originaria e rappresenta la parte della nostra energia essenziale che viene denominata *Yuan Ching*.

Tale energia è incaricata di assicurare la

riproduzione della specie e si manifesta nella fecondazione, per questo la troviamo alcune volte definita (impropriamente) "energia sessuale".
Ad ogni individuo sono quindi assegnate capacità di sviluppo diverse, proprio perché la sua energia originaria è genetica o ancestrale e come tale non può essere modificata.
Potremo paragonare lo *Yuan Ching* a un patrimonio iniziale che non può essere incrementato e che, anzi, l'individuo è incaricato di trasmettere alle generazioni future. Quello che sicuramente possiamo fare è cercare di non dissipare tale patrimonio sottoponendo il nostro organismo a eccessivo *stress* o a pratiche logoranti.
Poiché ogni energia è destinata nel corso del ciclo vitale a essere trasformata, l'energia essenziale che riceviamo in eredità viene utilizzata nella crescita e a essa è affidata la capacità di formazione dell'organismo.
L'energia *Yuan Ching*, l'essenza ricevuta dai genitori, è quindi paragonabile a un energia in fase potenziale che, nel momento in cui si riversa nell'organismo determinandone la crescita e le caratteristiche fisiche, si trasforma in energia dinamica: *Yuan Ch'i*. Tutto il processo vitale dalla crescita alla riproduzione e infine al decadimento è sorretto dalla trasformazione di *Yuan Ching* in *Yuan Ch'i*; dell'essenza in energia vitale.
Nella medicina tradizionale cinese al *Ching* originario viene assegnata come residenza naturale le reni, mentre il luogo nel quale avviene la trasformazione da *Yuan Ching* in *Yuan Ch'i* è chiamato significativamente *Tan T'ien* o "Campo del Cinabro" e si trova nella zona basso-addominale.
Il cinabro è infatti un nome di origine orientale (in greco *kinnàbaris*) che designa un minerale rosso, il solfato di mercurio, che gli alchimisti di scuola taoista consideravano fondamentale nelle reazioni di trasformazione da sostanze più grezze a quelle più preziose.

Energia del cielo e della terra

Abbiamo dunque definito *Ching* come l'essenza, ciò che conferisce all'organismo le sue possibilità di sviluppo e di trasmissione delle proprie caratteristiche alle generazioni future. *Ch'i* è invece definita come "l'energia del funzionamento" (della vita nel suo senso dinamico). Entrambe le energie, abbiamo visto, traggono parte della loro origine dalla trasmissione genetica, e parte dal cielo e dalla terra. Una quantità di energia ci deriva infatti dal nutrimento (che ci offre la terra) e dall'aria respirata (che deriva dal cielo).
L'uomo dipende quindi dal cielo e dalla terra, la sua esistenza è sospesa tra l'uno e l'altra.
A differenza di quanto accade per l'energia ancestrale o prenatale, le forme post-natali di energia possono essere accumulate e aumentate ed è anche possibile trasformarle in forme più sublimi o raffinate di energia.

Wei: energia protettrice

Una parte dell'energia vegetativa è impegnata nella difesa dell'organismo: essa raccoglie tutte le informazioni che provengono dall'esterno e le trasforma in impulsi rivolti all'attivazione di processi di difesa. La sua denominazione è *Wei*, e il suo compito è impedire che il corpo venga attaccato da agenti patogeni esterni, regolando il sistema immunologico e la termoregolazione.

Shen: energia mentale

Anche l'energia mentale, *Shen*, è in parte acquisita ereditariamente, inscritta nelle caratteristiche genetiche dell'individuo, ma la maggior parte di essa deve essere coltivata e potenziata durante l'esistenza.
Prerogativa umana, l'energia mentale consente all'individuo di prendere consapevolezza del flusso di energia vitale che attraversa il proprio corpo ma, soprattutto, è in grado di influenzarne il flusso. Su questa affermazione si fondano tutte le pratiche meditative, in primo luogo il T'ai Chi Ch'uan.
Sede di *Shen*, secondo la tradizione medica cinese, è il cuore, ma la sua presenza, secondo le indicazioni degli antichi trattati di medicina, si rivela negli occhi. "Splendore" o, viceversa, "opacità" dello sguardo, forniscono già al medico preziose indicazioni sulla regolarità del flusso di *Shen*.

Gli animali sanno rilassarsi per istinto: un gatto è capace di aspettare per ore la sua preda con il corpo totalmente rilassato, e balzare pieno di energie al momento opportuno, sfruttando così al massimo la tensione muscolare.

Trasformazione di Shen e Ch'i ed essenza del T'ai Chi Ch'uan

La medicina occidentale ha accettato solo da un secolo (con l'avvento della psicanalisi), un assunto che la medicina cinese possiede da centinaia di anni: quello secondo il quale l'attività psichica è in grado di influenzare i processi somatici.

L'intuizione della medicina cinese, che la meditazione del T'ai Chi Ch'uan ha fatto propria, si spinge oltre; essa afferma come sia possibile "allenare" le capacità mentali per conservare e accrescere le proprie potenzialità energetiche interne.
Agilità mentale e agilità fisica vengono indicate nella lingua cinese con la stessa parola, *Ling*, proprio perché i due concetti sono fra loro intimamente collegati.
Gli esercizi, sia fisici che meditativi, (inscindibili gli uni dagli altri) del T'ai Chi Ch'uan mirano al raggiungimento di quella perfetta unità tra energia mentale ed energia vitale, tra *Shen* e *Ch'i*, che può essere indicata come una fusione tra le due; un'unità pensiero-azione che non ha solo la funzione di accrescere le capacità fisiche attraverso l'energia psichica, ma anche quella di realizzare il processo inverso: la preservazione, l'accrescimento e anche il recupero dell'equilibrio energetico mentale attraverso il movimento del corpo.
Per realizzare ciò è bene acquisire alcune nozioni circa la teoria del flusso delle energie (in cinese *Pao*, "tesori"), attraverso i canali dai quali il corpo umano è attraversato.

Circolazione dell'energia, le sfere funzionali e i punti vitali

La teoria dei canali energetici (anche chiamati "meridiani" od "orbite"), la stessa sulla quale si basa la pratica dell'agopuntura, attribuisce alla teoria medica cinese il merito di aver elaborato un grande quadro d'insieme dei processi funzionali dell'organismo.
L'iconografia orbitale cinese non corrisponde infatti all'anatomia come viene intesa in occidente, il suo approccio non è tanto di tipo morfologico, quanto piuttosto di tipo funzionale. La suddivisione del corpo in parti a scopo di studio viene fatta in base alle funzioni proprie dei vari organi; la mappa dei collegamenti fra di essi è tracciata tenendo conto non solo dei processi biologici che collegano fra loro i vari "centri funzionali" (non esattamente gli organi, quindi), ma anche i fenomeni psichici e i condizionamenti ambientali esterni che tali processi finiscono inevitabilmente per influenzare.
Anche la ciclicità delle trasformazioni non ha un corso uniforme, si ritiene che essa sia collegata con le fasi naturali o macrocosmiche: le stagioni, le ore del giorno e della notte e altre infinite corrispondenze.
Questo criterio alternativo di analisi ha suscitato, e suscita, un notevole interesse fra i medici occidentali, anche se molte delle acquisizioni della medicina cinese non sono ancora del tutto accettate dalla nostra medicina ufficiale.
È comunque un dato fisico accertato

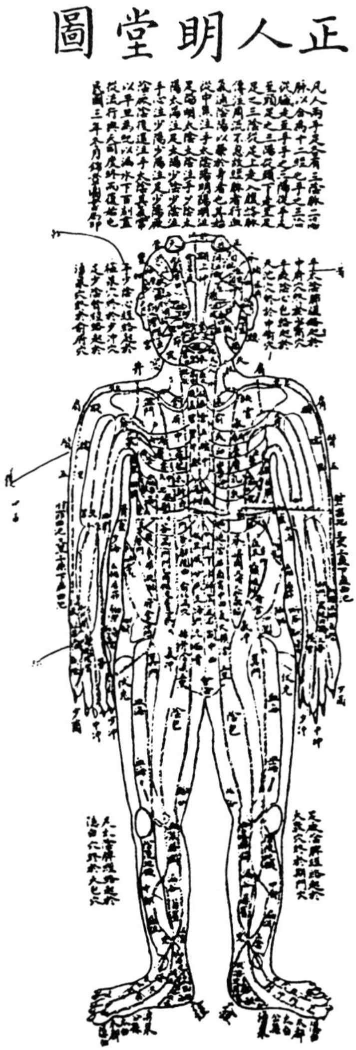

I punti di agopuntura e i meridiani in un antico testo di medicina cinese

che nel corpo umano esistano delle differenze di potenziale. Esperimenti hanno dimostrato che la differenza di potenziale misurata sul dorso (in prossimità quindi del canale *Du Mai*) mostra un valore in polarità positiva, mentre sul ventre (canale *Ren Mai*) viene registrato un valore in polarità negativa. Alle estremità delle dita si trovano valori da dieci a trenta volte più bassi in soggetti depressi o affaticati rispetto ai valori misurati su giovani in pieno stato di efficienza fisica.

Questo solo per indicare uno dei riscontri oggettivi che il sistema occidentale ha potuto praticare sul complesso sistema anatomo-funzionale proposto dalla medicina cinese.

Quelli che vengono comunemente denominati “meridiani”, per analogia con le linee di suddivisione ipotizzate per il globo terrestre, sono meglio definibili come i tratti appartenenti a una rete di connessioni che attraversa tutto il corpo. Sono stati identificati perché in essi circola un flusso di energia che, come abbiamo visto, assume diverse denominazioni a seconda della funzione a cui presiede.

Queste “sfere funzionali” (questo sembra essere il nome più corretto) collegano varie parti del corpo che insieme costituiscono un sistema avente precise funzioni.

Sei di queste sfere funzionali hanno una funzione di ricezione: ricevono, sintetizzano e accumulano le risorse esterne (principalmente cibo) e a esse viene assegnata una polarità *Yin*:

- la sfera funzionale del fegato;
- la sfera funzionale del cuore;

- la sfera funzionale della milza;
- la sfera funzionale dei polmoni;
- la sfera funzionale renale;
- la sfera funzionale del pericardio.

Altre sei sfere funzionali hanno invece un ruolo più dinamico, nel senso che presiedono alla trasformazione delle risorse acquisite allo scopo di utilizzarle per le funzioni vitali; a esse viene assegnata una polarità *yang*:

- la sfera funzionale dello stomaco;
- la sfera funzionale dell'intestino tenue;
- la sfera funzionale dell'intestino crasso;
- la sfera funzionale della vescicola biliare;
- la sfera funzionale della vescica,

ed infine, la "triplice sfera del calore" alla quale non corrisponde nessun organo riconosciuto dall'anatomia ufficiale, e al quale viene assegnato il compito di presiedere alla circolazione degli umori, le cosiddette "vie d'acqua comunicanti".

Tutti i canali principali percorrono un tragitto esterno e un tragitto interno, ed esiste un sistema di corrispondenze tra ogni meridiano e quello avente polarità opposta.

Sui dodici meridiani principali sono localizzati, generalmente in minuscole depressioni delle superficie cutanea, i punti utilizzati per la terapia di agopuntura.

La loro perfetta conoscenza interessa però la pratica di arti marziali solo a livelli molto elevati di abilità. Per arrivare a individuarli in maniera puntuale e immediata è necessaria una conoscenza molto approfondita della loro localizzazione, per la quale si rimanda a testi più specifici.

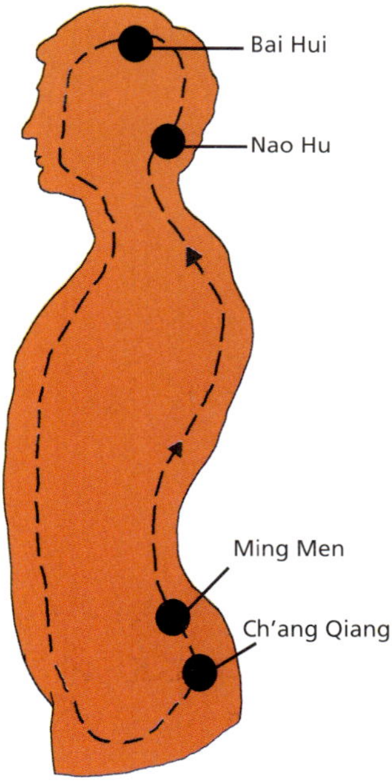

Il canale energetico Du Mai

L'energia vitale che abbiamo chiamato *Ch'i* fluisce quindi lungo queste direttrici e, a seconda del tipo di processo fisiologico che pone in essere, assume denominazioni differenti.

Si tenga anche conto del fatto che se tale fluire viene ostacolato, anche solo in una porzione di tale tragitto, tutta la funzione viene compromessa. In altre parole se in una zona del corpo, ad esempio un singolo organo, si verifica un disturbo, tutto il resto dell'organismo interessato dal meridiano al quale quell'organo è collegato ne riporta una disfunzione.

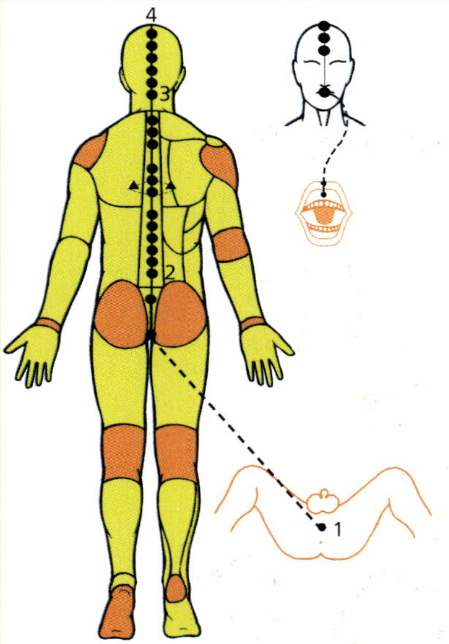

I quattro punti più importanti del canale Du Mai

I canali "curiosi'"

Di particolare importanza per la pratica del T'ai Chi Ch'uan è invece la conoscenza degli otto canali supplementari, in alcuni testi denominati "curiosi" o canali psichici.

In queste orbite energetiche, le cui peculiarità non sono ancora state indagate a fondo, avviene la distribuzione e la ripartizione dell'energia che abbiamo chiamato ancestrale o prenatale.

La loro funzione sembra essere quella di attivarsi come canali "extra": in caso di disfunzione di un canale principale in tali orbite si attiva quindi un flusso di energia *Shen*, *Ch'i* e *Wei*. Il nome "curioso", che rappresenta uno dei tentativi di tradurre il termine cinese *Nguien Van Nghi*, vuole indicare il fatto che ogni canale di questo tipo possiede una dinamica propria, un proprio tragitto e una propria funzione.

Poiché tutti questi canali interessano l'ipofisi, la principale ghiandola endocrina che presiede alla secrezione ormonale, il corretto fluire di energia attraverso di essi è di fondamentale importanza per la conservazione e il ripristino di un adeguato equilibrio psico-fisico.

È in questo contesto, dunque, che la pratica meditativa del T'ai Chi Ch'uan si propone come il sistema più naturale per assicurare all'energia psichica un flusso regolare all'interno dell'organi-

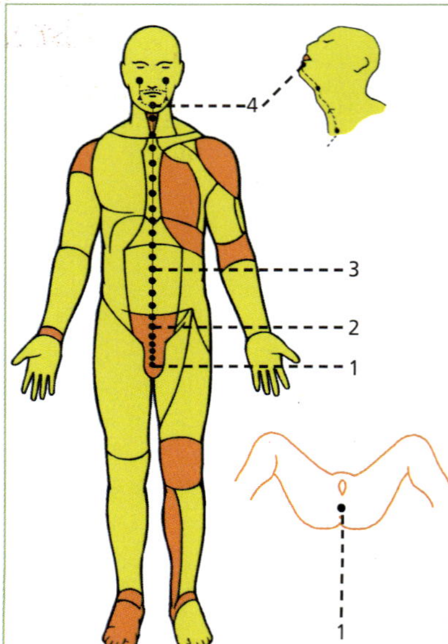

I quattro punti più importanti del canale Ren Mai

smo. Ciò si rivela di fondamentale importanza, soprattutto se consideriamo l'intima interconnessione esistente fra le sfere energetiche; in base a questo principio possiamo dire che il fluire dell'energia mentale *Shen* è responsabile dell'attivazione dell'energia *Ch'i*, l'energia interna motore di ogni trasformazione fisiologica. Ma anche attraverso la circolazione di *Ch'i*, l'energia mentale *Shen* trae il suo impulso.

La teoria di meditazione dinamica del T'ai Chi Ch'uan, si fonda sull'assunto che la concentrazione mentale sui punti (centri), attraversati dall'energia vitale *Ch'i*, è di fondamentale importanza per facilitarne il naturale fluire.

Nei testi di agopuntura i canali curiosi vengono in genere presentati a coppie, due delle quali agiscono sulle orbite *Yang*, e due sulle orbite *Yin*:

1ª coppia: **Du Mai**, **Yang Chiao**, agisce sul sist. *Yang*,
2ª coppia: **Dai Mai**, **Yang Wei**, agisce sul sist. *Yang*,
3ª coppia: **Ren Mai**, **Yin Chiao**, agisce sul sist. *Yin*,
4ª coppia: **Chong Mai**, **Yin Wei**, agisce sul sist. *Yin*.

Dal punto di vista della meditazione T'ai Chi Ch'uan due di questi canali assumono particolare importanza: il canale denominato *Du Mai* ("canale governatore"), che sovrintende a tutti i meridiani *Yang* del corpo, e il canale *Ren Mai*

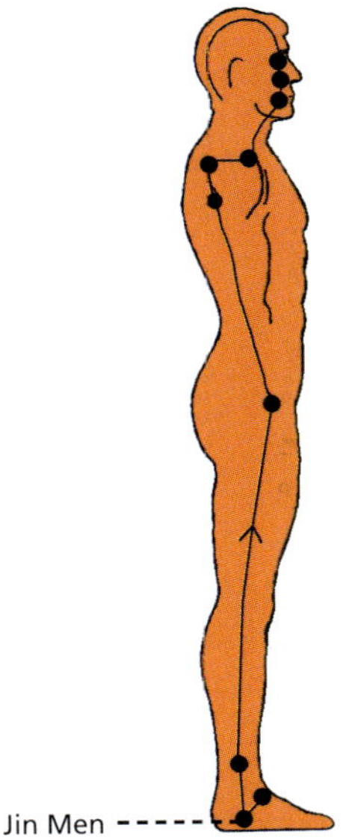

Il canale Yang Chiao

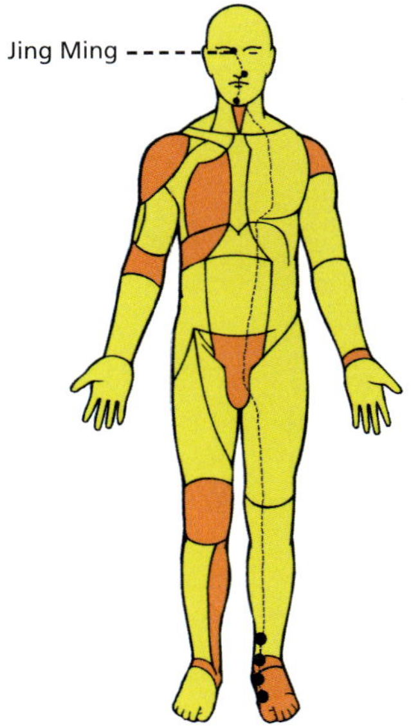

Il canale Yin Chiao

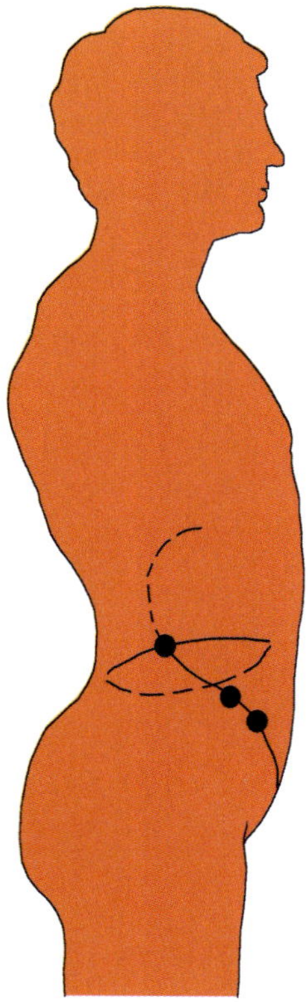

Il canale Dai Mai

il cui ruolo fisiologico-energetico è quello di regolare l'energia *Yin*.

In entrambi i vasi la corrente energetica è direzionata dal basso verso l'alto, entrambi inoltre sono canali superficiali ma, mentre *Du Mai* è un vaso posteriore, *Ren Mai* è anteriore.

– Il canale *Du Mai* inizia all'estremità inferiore del coccige, scorre lungo la colonna vertebrale e termina in mezzo al frenulo del labbro superiore. È dotato di 28 punti, ma quelli che rivestono particolare importanza nella pratica del T'ai Chi Ch'uan, sono i seguenti:

1. *Ch'ang Qiang* (in alcuni testi denominato *Wei Lu* o "porta della coda"), si trova a metà della linea che congiunge l'ano con il coccige.

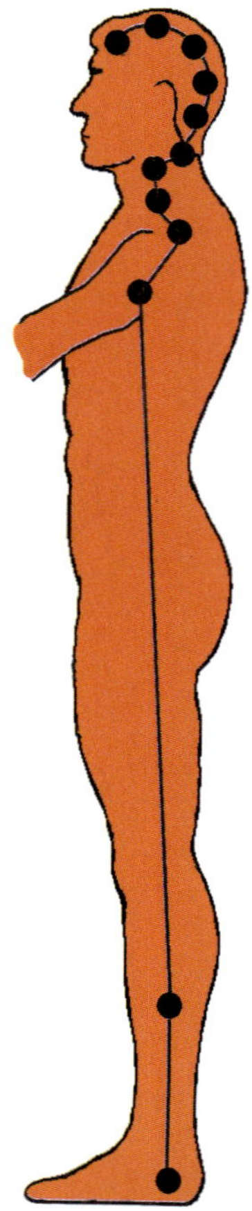

Il canale Yang Wei

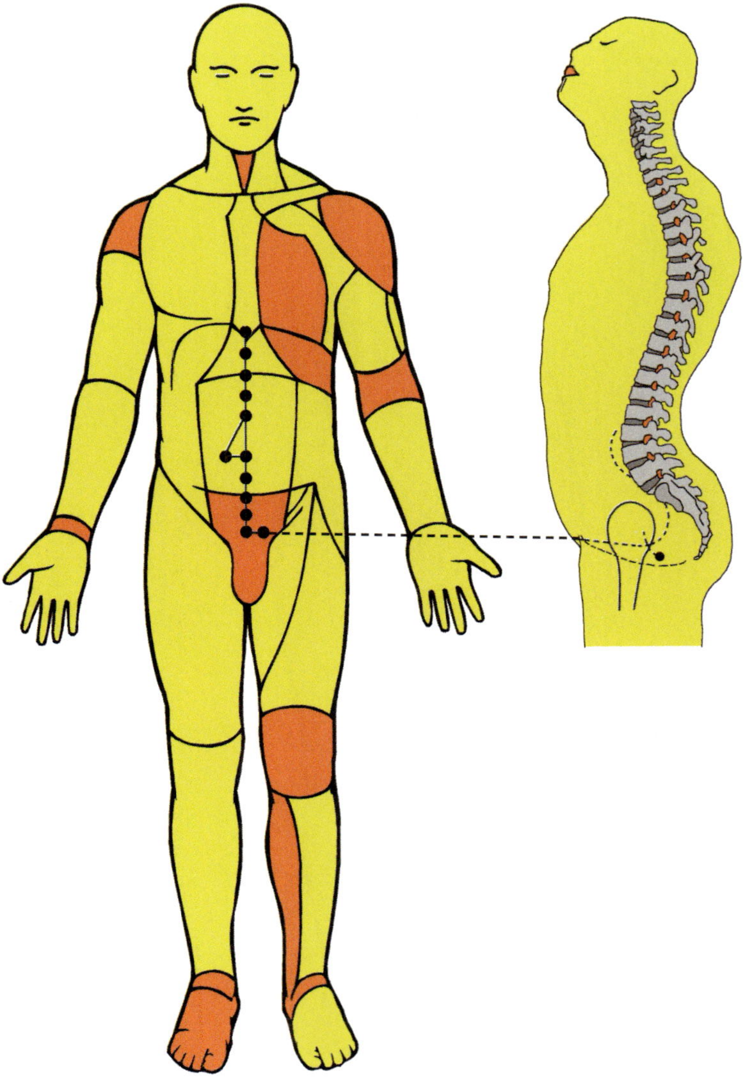

Il canale Chong Mai

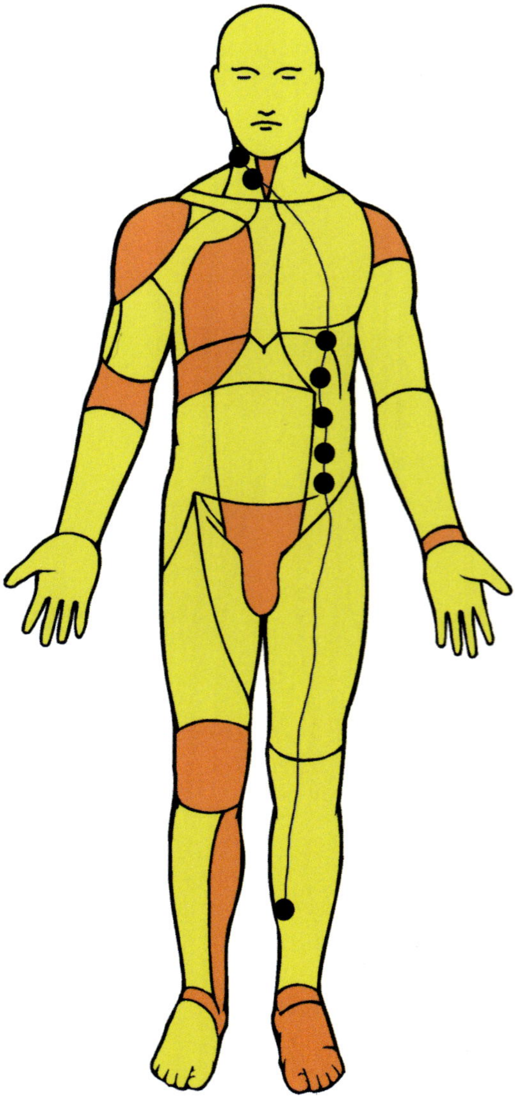

Il canale Yin Wei

2. *Ming Men*, si trova fra il processo spinoso della 2ª e 3ª vertebra lombare.
3. *Nao Hui* (in alcuni testi *Yu Chen* o "porta del cervello"), si trova all'estremità inferiore dell'osso occipitale, sulla linea sagittale (longitudinale) del cranio.
4. *Bai Hui* (in alcuni testi *Ni Wan*), praticamente il punto sommitale del cranio, quello che idealmente collega l'organismo-uomo con il cielo, si trova all'incrocio fra la linea mediana del cranio e la linea che congiunge gli estremi dell'elice delle due orecchie.

I tre punti *Ch'ang Qiang*, *Ming Men* e *Nao Hui*, sono considerati "le tre porte dell'energia". Scopo della pratica meditativa è riuscire a concentrare il pensiero su di essi per poter "guidare" il flusso energetico. Per questa ragione la postura della colonna vertebrale e del capo deve essere tenuta perfettamente eretta, per favorire il completo fluire di energia attraverso tale canale.

– Il canale *Ren Mai* scorre lungo la parte centrale e anteriore del tronco, è dotato di 24 punti, i più importanti dei quali per la pratica del T'ai Chi Ch'uan sono:

1. *Hui Yin*, si trova nel centro del perineo, a metà della linea sagittale che unisce l'ano e lo scroto nel maschio, la commessura vaginale nella donna.
2. *Qui Hai*, si trova 3 centimetri (1,5 *cun*) sotto l'ombelico, è il punto che viene fatto coincidere con il "Campo del Cinabro", la zona nella quale, come abbiamo visto secondo i testi tradizionali, avviene la prima importante trasformazione di energia ancestrale.
3. *Zhong Wan*, si trova a metà della linea che congiunge l'ombelico allo sterno, in una zona in cui il petto presenta una lieve rientranza.
4. *Cheng Jang*, si trova in una depressione sotto il labbro inferiore.

Tale canale può essere considerato diviso in tre segmenti: uno addominale inferiore, dal perineo all'ombelico, comanda le funzioni genito-urinarie; il secondo, dall'ombelico all'appendice xifoidea (parte inferiore dello sterno), comanda le funzioni digestive; il terzo, dalla xifoide al mento, comanda le funzioni respiratorie.

È importante mettere in evidenza come la teoria del T'ai Chi Ch'uan considera come punto di inizio del canale *Ren Mai* lo stesso punto *Ch'ang Qiang*, ove inizia il canale *Du Mai*; il contatto della lingua con il punto in cui termina il canale *Du Mai* metterebbe, in questo modo, i due vasi in collegamento fra loro.

Descriviamo ora brevemente i restanti canali:

– Il canale *Yang Chiao*, che si considera accoppiato con il canale *Du Mai*, è anch'esso un vaso superficiale, bilaterale, che scorre lungo la gamba, il tronco, giunge sulla spalla in prossimità della testa dell'omero, infine segue la calotta cranica percorrendo prima la parte anteriore e terminando poi alla base del cranio. Il punto d'origine, *Jin Men*, si trova nel piede, nella depressione sottostante il malleolo, nella parte esterna del tallone.

È considerato il vaso *Yang* del movimento e della forza.

- Il canale *Yin Chiao* (in coppia con il canale *Ren Mai*), è considerato il canale *Yin* dell'energia di movimento e della forza. Inizia anch'esso dal tallone, ma nella parte interna della gamba sulla quale prosegue fino al pube; prosegue lungo il busto lateralmente rispetto allo sterno, percorre il viso per fermarsi al punto *Jing Ming*, poco sopra il setto nasale.
- Il canale *Dai Mai*, è detto canale-cintura in quanto circonda tutti i meridiani come una cintura. Permette il libero passaggio dell'energia *Yang* verso il basso e dell'energia *Yin* verso l'alto.
- Il canale *Yang Wei*. Anche questo canale percorre gli arti ma, giunto alla testa dell'omero, percorre la parte posteriore del collo, lateralmente alle vertebre cervicali, raggiungendo infine la zona frontale-parietale.

La coppia *Chong Mai*, *Yin Wei*, infine, può essere definita una coppia di collegamento.

- Il canale *Chong Mai*, percorre sia il tratto che dai genitali, interessando la parte centrale del tronco, arriva fino alla cavità nasale, sia tutta la colonna vertebrale attraverso il midollo osseo.
- il canale *Yin Wei*, percorre internamente l'arto inferiore, l'addome e la gabbia toracica lateralmente allo sterno, la base della clavicola fino allo ioide (piccolo osso non articolato, posto alla radice della lingua).

È necessario precisare che, relativamente a questi due ultimi vasi descritti, esiste fra i vari testi una certa discordanza per quanto riguarda porzioni dei loro percorsi. Dal punto di vista della meditazione T'ai Chi Ch'uan i primi due vasi rivestono comunque importanza predominante. La pratica fisico-meditativa è infatti rivolta in primo luogo al miglioramento della circolazione energetica attraverso questi due importanti percorsi; questo è il motivo per cui ci siamo soffermati maggiormente su di essi.

GLI IMPACCHI: RIMEDIO ANTICO

Bagni, abluzioni, docce, impacchi freddi e caldi hanno da sempre fatto parte delle prescrizioni per riacquistare o per preservare la salute. Già Ippocrate di Kos, vissuto tra il V e il IV secolo a. C. e considerato il padre della medicina occidentale, consigliava diverse pratiche idroterapiche ai suoi pazienti.
Nella Bibbia e nel Vangelo sono numerose le pagine che citano l'acqua e il fango come mezzi necessari per la purificazione e la guarigione del corpo e della mente. Gli antichi Romani, ovunque si trovassero, costruivano grandiosi edifici termali che diventavano il centro della vita culturale ed economica della città.

Nutrire mente e corpo

L'ARMONIOSO FLUIRE DELL'ENERGIA

Come l'agopuntura e l'agopressione, anche lo shiatsu è considerato spesso da chi vive in Occidente come una tecnica di intervento sulle malattie quasi "misteriosa", quasi magica e quindi priva di fondamento scientifico.

Chi invece ha modo di conoscere la cultura orientale (e quindi anche il suo "sapere" in campo medico) con un atteggiamento aperto, non tarda a rendersi conto che **lo *shiatsu* agisce sulla base di conoscenze solidificate nel corso del tempo**. Queste conoscenze non sempre coincidono con quelle conseguite dalla nostra cultura, ma sono il frutto di un modo di interpretare la realtà e di conseguenza di agire che possono essere utilizzate con ottimi risultati da tutti.

Dalla medicina tradizionale cinese lo shiatsu ha ereditato la visione dei fenomeni naturali e la capacità di affrontare la malattia, la quale è sintomo di uno squilibrio che coinvolge l'individuo nella sua totalità e quindi il suo stile di vita, l'insieme delle sue abitudini e dei suoi atteggiamenti.

Nel mondo orientale l'individuo è visto come un microcosmo, un concentrato di energia (*ki*), che si manifesta come alternanza di due movimenti opposti e complementari: *Yin* (negativo) e *Yang* (positivo). La presenza di uno non esiste senza il suo contrario e nell'uno ci sono i germi dell'altro: gioia e dolore, sofferenza e piacere, azione e riposo, amore e odio... *Yin*, simboleggiato dall'acqua, è stato di riposo, ma anche di potenzialità energetica, capace di adattarsi a ogni forma. *Yang* è, al contrario, attività e azione, potenzialità energetica già espressa: il suo simbolo è il fuoco, instabile e proiettato verso l'alto.

Meridiani ed energia

L'energia si diffonde nel corpo seguendo dei tracciati, individuati dai terapeuti nel corso del tempo, chiamati da alcuni canali e da altri meridiani, collegati tra di loro e in relazione stretta con gli organi vitali. **L'energia percorre, sia in superficie sia all'interno, il corpo di ciascun essere umano e ne costituisce la struttura vitale**: non si identifica con la circolazione del sangue o con il sistema nervoso, ma è in stretta relazione con essi e con le funzioni di tutti gli apparati. Il tessuto epiteliale è connesso a sua volta al funzionamento dei diversi apparati e degli organi interni quali il cuore, il fegato o i polmoni.

La parola giapponese shiatsu significa letteralmente "pressione con il pollice (o con le dita)": una pressione che, esercitata sulla cute, cura, mantiene o migliora lo stato di salute. Lo shiatsu può però considerarsi qualche cosa di più che il trattamento di malattie specifiche o l'agevolazione del processo di rilassamento del corpo: è spiritualità, è filosofia, è benessere fisico, è un modo di vivere.

Secondo alcuni medici giapponesi è possibile individuare sulla superficie del corpo i punti cutanei, chiamati *tsubo*, lungo i quali passano i meridiani energetici e che sono in relazione con i diversi organi interni.
La capacità di individuare gli *tsubo*, di riconoscerne la condizione e di intervenire su di essi con la semplice pressione manuale sta alla base della terapia shiatsu, la quale si configura come un insieme di diagnosi e di trattamento.

Squilibrio e malattia

La malattia secondo la tradizione orientale altro non è che il blocco o lo squilibrio dell'energia in una o più parti del corpo. Quando l'energia vitale viene a mancare (stato definito *kyo*) è necessario tonificare il meridiano debole; quando invece l'energia è in eccesso (*jitsu*) diventa indispensabile calmare il meridiano iperattivo e ripristinare uno stato di equilibrio.
Per comprendere meglio le potenzialità dello *shiatsu*, e soprattutto per praticarlo, è perciò indispensabile imparare sia a riconoscere il reticolo energetico di cui ciascun individuo è composto, sia a individuare i punti in cui "si riflettono" gli organi interni.
Tali punti infatti non si trovano sempre in prossimità degli stessi organi, ma spesso sono lontani da essi. Ciò spiega per esempio perché a volte il terapista *shiatsu*, per eliminare i dolori alla testa, esercita la pressione delle dita su braccia e gambe, oppure perché stimola tsubo presenti sul capo intendendo eliminare i dolori provocati dalle emorroidi.

I CHAKRA

I chakra sono i centri psicofisici nei quali il *prana*, l'energia universale, viene trasformato in energia individuale. Questi centri convertono l'energia cosmica in energia fisica, in emozioni, pensieri e sentimenti. La parola *chakra* significa ruota, simbolo universale dell'eterno divenire, della trasformazione. Quando i *chakra* sono chiusi l'individuo stesso è chiuso, isolato, non è in grado di far entrare dentro di sé l'energia universale che lo sostiene. In tali condizioni, non ricevendo energia, forza e amore da tutto ciò che lo circonda, non può essere felice e sentirsi bene. Aprire i *chakra* significa aprirsi alla Gioia di cui è costituito l'Universo ed essere in comunione con il tutto. Nel corpo fisico tutti i *chakra* tranne il sesto e il settimo si trovano lungo la colonna vertebrale, in corrispondenza dei gangli spinali; ogni *chakra* ha un organo o un plesso corrispondente, che coincide con la zona del corpo a cui tale *chakra* presiede, e un punto di concentrazione, cioè il punto nel quale è consigliato portare l'attenzione per percepire il *chakra* stesso.

La pressione

A differenza del massaggio più classico, che prevede l'uso di movimenti fluidi, di sfioramenti e di manipolazioni, lo *shiatsu* per tonificare o calmare gli *tsubo* utilizza la pressione delle palme o delle dita delle mani, in qualche caso dei gomiti, delle ginocchia e dei piedi. La pressione delle dita non consente solo di modificare lo stato del paziente ma anche di individuare la presenza o l'assenza di energia in un punto preciso del corpo. Diagnosi e terapia possono addirittura coincidere se chi pratica *shiatsu* ha maturato, attraverso l'esperienza, la

CHAKRA BASALE E PELVICO

• PRIMO E SECONDO CHAKRA

(*Muladhara Chakra* o *chakra basale* e *Svadhisthana Chakra* o *chakra pelvico*)
Sono strettamente connessi tra loro, tanto che nel corpo fisico corrispondono al medesimo plesso, il plesso sacrale o plesso pelvico.

Il **primo chakra** corrisponde al primo stadio di evoluzione dell'umanità, nel quale è prevalente l'istinto animale di sopravvivenza. In esso è registrata la memoria ancestrale comune. Governa gli istinti animali: fame, sete, istinto di sopravvivenza, aggressività e ci permette di assorbire energia dalla Terra. Nel piano fisico presiede al controllo del sistema osseo e della nutrizione. Si trova nell'area del perineo, alla base della colonna vertebrale ed è di colore rosso scuro. Attraverso il primo *chakra* partecipi alla vita della Terra e puoi percepirne le emozioni. Ti connette anche alle dimensioni subcoscienti, quelle in cui l'umanità ha relegato tutti gli aspetti di se stessa e della natura che non è in grado di accettare, che considera in qualche modo negative. Il primo *chakra* è anche la porta sulla realtà materiale; il buon funzionamento del primo *chakra* consente un buon rapporto con la dimensione materiale dell'esistenza.

Il **secondo chakra** corrisponde allo stadio di evoluzione in cui l'umanità comincia ad aggregarsi in piccoli nuclei e clan. Governa il desiderio di vita e l'istinto sessuale. È la sede dell'energia vitale che fa da "motore" a tutte le attività umane. Nel piano fisico controlla le funzioni degli organi sessuali. Si trova nell'area del plesso pelvico, in corrispondenza degli organi genitali ed è di colore rosso chiaro. Vi è contenuta la memoria del tuo bambino interiore: tutto ciò che ha vissuto, le sue emozioni, la sua paura e la sua Gioia.

capacità di individuare gli stati di equilibrio dell'energia.
Per ristrutturare il campo energetico del corpo possono essere usate delle tecniche tonificanti, che stimolano, e delle tecniche calmanti, che riducono l'energia circolante.

I chakra, l'aura e il ki

Con il termine di "aura" si intende il corpo astrale di ciascun individuo; essa ha la funzione di emettere o ricevere l'energia vitale, il *ki*. Mediante l'aura noi percepiamo l'umore e le vibrazioni emesse da un'altra persona.
I *chakra* sono punti dell'aura che ricevono e trasmettono l'energia *ki* tra il corpo fisico e l'aura. Sono sette e sono localizzati lungo la colonna vertebrale e la testa.

Inizialmente, è piuttosto difficile identificare energie come i *chakra*, l'aura e il flusso *ki* in un meridiano poiché esse non sono direttamente percepibili dai nostri cinque sensi.
Per poterlo fare è indispensabile sviluppare il senso dell'intuizione attraverso la pratica dello *shiatsu*, dello *yoga*, della meditazione, di una corretta respirazione... **Si tratta di scoprire il legame che esiste in una persona tra il livello non**

sensoriale e quello sensoriale, rappresentato dal sistema nervoso.

La pratica dello *shiatsu* determina una risposta del sistema nervoso provocando una modificazione nei *chakra* e nei meridiani. Come risposta all'energia di cambiamento nei *chakra* e nei meridiani, il sistema nervoso a sua volta muta la risposta della pelle allo stimolo.

È proprio questo adattamento della pelle che permette di capire i mutamenti dei sistemi invisibili di energia.

Il sistema nervoso autonomo e l'energia del corpo

Il sistema nervoso autonomo controlla tutte quelle funzioni del corpo che non dipendono dalla volontà del soggetto e, a sua volta, si suddivide in due sistemi:

- il sistema nervoso parasimpatico, legato soprattutto ai processi più profondi dell'organismo;
- il sistema nervoso ortosimpatico, legato alle stimolazioni riguardanti la superficie corporea.

Chakra ombelicale e del cuore

• Terzo Chakra

(*Manipura Chakra* o *chakra ombelicale*)

Corrisponde allo stadio attuale di evoluzione dell'umanità, stadio nel quale è prevalente la volontà di affermazione individuale. L'uomo attuale ha portato a termine il processo di differenziazione di se stesso dalla natura, ma la paura lo porta spesso a trasformare la sua volontà di esistere come individuo separato in volontà di prevaricazione e di dominio sugli altri. Nel piano fisico questo *chakra* controlla le funzioni dell'apparato digerente e il processo di assimilazione del cibo. Si trova nell'area del plesso solare ed è di colore giallo. Il terzo *chakra* governa la forza e la volontà individuali; il suo cattivo funzionamento può portare ad avere una volontà debole, all'incapacità di crearsi il proprio spazio o al desiderio di prevaricare gli altri per affermare se stessi.

• Quarto Chakra

(*Anahata Chakra* o *chakra del cuore*)

Corrisponde al prossimo stadio di evoluzione dell'umanità, a quella che viene spesso chiamata "Nuova Era" o "Età dell'Oro", un'era in cui l'uomo, dopo aver portato a termine il proprio processo di individualizzazione e aver superato le proprie paure, si apre all'influsso dello Spirito e dell'Amore universale. Nel piano fisico presiede al controllo dell'apparato cardiocircolatorio. Si trova nell'area del plesso cardiaco, al centro del torace ed è di colore acquamarina, tra il verde e l'azzurro. In questo centro i desideri e le emozioni che nascono nel terzo *chakra* vengono trasformati, sublimati; per questo il quarto *chakra* è chiamato il "Grande Trasformatore", in esso infatti le energie provenienti dai primi due *chakra* vengono alchemicamente trasformate in capacità di amare e di donarsi. È il *chakra* che governa i sentimenti più elevati dell'essere umano. Quando il quarto *chakra* non funziona adeguatamente o è chiuso siamo incapaci di ricevere, pensiamo di non meritare, di non essere degni e ci chiudiamo all'amore.

CHAKRA DELLA GOLA, DELLA FRONTE E LOTO DAI MILLE PETALI

• QUINTO CHAKRA

(*Vishudda Chakra* o *chakra della gola*)

È il centro della relazione. In esso i desideri, le emozioni e i sentimenti vengono trasformati per poter essere espressi, comunicati agli altri. Nel piano fisico presiede al controllo dell'apparato respiratorio. Si trova nell'area della gola ed è di colore blu. È il centro della comunicazione e governa la capacità di esprimersi, di essere assertivi. Se funziona adeguatamente sei in grado di manifestare le tue esigenze senza reprimerti e senza essere costretto ad aggredire.

• SESTO CHAKRA

(*Ajna Chakra* o *chakra della fronte*)

In questo *chakra*, conosciuto anche sotto il nome di "Terzo Occhio", l'energia vitale diviene pensiero e volontà cosciente e in esso si generano la nostra rappresentazione mentale della realtà e le nostre abitudini mentali. Nel piano fisico presiede al controllo del sistema nervoso centrale e periferico. Si trova nel centro tra le sopracciglia ed è di colore bianco o leggermente dorato. Il punto di concentrazione è il centro tra le sopracciglia.

Entrando profondamente nel sesto *chakra* incontriamo lo spirito dell'aquila, con il suo potere di visione. Il potere della visione è diverso dal potere visionario dello spirito del genio nel quarto *chakra*; non è il potere di creare una realtà mentale, ma bensì la capacità di porsi al di sopra di qualunque rappresentazione mentale, di oltrepassare il giudizio mentale e di rimanere in uno stato di totale equanimità. La rappresentazione della realtà creata dalla mente razionale, dallo spirito logico, non è che una delle possibili rappresentazioni della realtà, ne esistono altre, ad esempio quelle della mente emotiva o della fantasia. Tutto ciò che conosciamo non è che una rappresentazione della realtà creata da uno degli aspetti della nostra mente. La realtà in quanto tale è inconoscibile, perché nel momento stesso in cui la mente cerca di conoscere la realtà la deforma, la influenza, allo stesso modo in cui, secondo la fisica relativistica, la presenza dell'osservatore condiziona il risultato dell'esperimento scientifico.

• SETTIMO CHAKRA

(*Sahasrara Chakra* o *Loto dai mille petali*)

Questo *chakra*, conosciuto anche sotto il nome di "Loto dai mille petali", è il canale che connette l'uomo al Cielo, alla dimensione ultracosciente e spirituale. È posto alla sommità del capo ed è di colore lilla. Più che di un vero e proprio *chakra*, che significa "ruota" o "vortice", si tratta di un canale che ci unisce alle dimensioni di esistenza più evolute di quella umana. Attraverso il settimo *chakra* possiamo entrare in contatto con gli esseri di luce e ricevere da loro energia per compiere la nostra trasformazione, aiuto e amore. Per aprire il settimo *chakra* è necessario invocare la discesa della forza Divina, chiamata con vari nomi dalle diverse religioni dell'umanità, del potere di trasformazione che viene dall'alto e che lavora per una spiritualizzazione dell'uomo in tutti i suoi aspetti.

L'energia del corpo lavora in accordo col sistema nervoso autonomo. Quando il corpo risente maggiormente dell'influsso del sistema parasimpatico l'energia scorre in tutti i sistemi che compongono il nostro organismo, mentre sotto l'influenza di quello ortosimpatico l'energia si concentra di più in una sola area del corpo.

Se i punti da trattare sono scarsi di energia occorre tener premuti tali punti più a lungo. Non appena si verifica un afflusso di energia, il terapista percepisce una leggera carica elettrica lungo il meridiano: se quindi il punto da trattare è vuoto si tratta di mantenere la pressione finché vi giunge l'energia.

Spiritualità e comunicazione

Il trattamento *shiatsu* supportato dalla sola tecnica porterebbe inevitabilmente a una sterile azione meccanica. Solamente la propria spiritualità – conseguente alla trasformazione di energie derivanti dalle nostre esperienze – è in grado di rendere vitale l'attività del massaggio.
Per eseguire un trattamento *shiatsu* dobbiamo identificarci con la persona che massaggiamo, entrare cioè nel suo corpo e nella sua mente per riuscire a percepire ciò che sente: la sua sofferenza, la sua gioia, i suoi desideri, il suo dolore... La comunicazione con l'altro deve andare al di là della parola; **è fondamentale comprenderne le immaginazioni, le sensazioni, le reazioni...** Quando si stabilisce in tal senso un rapporto profondo tra due persone, si verifica uno scambio di energie con il

CONTROINDICAZIONI DELLO SHIATSU

Lo *shiatsu* è molto utile per eliminare stati di tensione e di ansia; può dunque essere utilizzato per prevenire le malattie e mantenere uno stato di benessere generale, oppure **può diventare strumento di diagnosi e di terapia per numerosi disturbi**. È opportuno però che il principiante non si misuri sin dall'inizio con malattie gravi, che devono essere oggetto di indagine e cura da parte di specialisti esperti, mentre può intervenire su quei disturbi che, trascurati, rischiano di trasformarsi in malattia. È inoltre opportuno non sottoporre a trattamento *shiatsu* le persone in stato febbrile, perché quando la temperatura corporea sale oltre i 38 °C, l'individuo consuma molte energie. Non bisogna inoltre trattare le persone affette da malattie infettive, quelle soggette a emorragie e a infezioni cutanee, quelle che hanno da poco subito lesioni ossee, che presentano fragilità e sclerosi delle vene e delle arterie.
Durante la gravidanza il trattamento *shiatsu* è consigliato, ma è indispensabile non intervenire sulla zona addominale.
Tutte le avvertenze dei maestri più esperti diventano imperativi categorici per chi si accinge a praticare quest'arte.
Alcuni maestri consigliano di non praticare lo *shiatsu* prima che sia trascorsa mezz'ora da quando il soggetto ha fatto il bagno e un'ora da quando ha consumato il pasto.
Se si è affetti da dolori alle spalle o da gonfiori alle mani non è possibile praticare efficacemente lo *shiatsu*.

loro contenuto di immagini, forme, sensazioni.

L'atlante dei meridiani

La scienza occidentale, attraverso l'anatomia, ha permesso al medico di imparare a conoscere, anche nei minimi dettagli, il corpo umano. Lo specialista è in grado di distinguere i diversi tessuti che lo compongono, sa interpretare i meccanismi fisiologici e, il più delle volte, può osservare direttamente, attraverso l'uso di strumenti sempre più sofisticati, il funzionamento degli apparati. Anche se non è sempre in grado di operare la guarigione da una malattia, può definire con precisione il reticolo delle vene o delle arterie, quello delle masse muscolari, dei tendini e così via. L'osservazione attraverso la vista, dilatata ormai dai più sofisticati strumenti elettronici, è alla base delle sue conoscenze. L'oggetto delle sue attenzioni è una realtà fisica ben definita: il corpo fatto di ossa, di muscoli...
Il sapere orientale, con il suo approccio così diverso al problema della salute dell'essere umano e con la sua concezione dell'energia, ne ha ugualmente tracciato una "mappa", ben diversa da quelle che riempiono i testi occidentali. Senza dimenticare la presenza di tutto ciò che si vede, il medico orientale si è servito, nella sua indagine e per le sue terapie, soprattutto del tatto, che rappresenta uno strumento di osservazione prezioso, capace di rivelare anche ciò che può sfuggire alla vista.
Secondo la medicina cinese tradizionale, ripresa da quella giapponese e quindi anche dalla maggior parte degli specialisti di *shiatsu*, questa mappa rappresenta il sistema dei meridiani. Questo sistema consiste di **dodici meridiani principali, corrispondenti ciascuno a organi fondamentali (polmoni, fegato, cuore...), otto meridiani supplementari, due dei quali (vaso governatore e vaso di concezione) importanti come quelli principali** perché toccano organi che non sono percorsi dai primi dodici. Esistono poi numerosissimi meridiani minori, più sottili, che completano il reticolo.

La teoria dei meridiani ritiene che lo squilibrio in un meridiano possa dipendere non solo dal meridiano stesso, ma anche dall'organo con cui è in corrispondenza. La disfunzione di un organo d'altra parte può dipendere da una disarmonia del meridiano in un punto lontano dall'organo stesso.

Vale la pena sottolineare che non tutti quelli che si accostano alle terapie di origine orientale e che se ne servono utilizzano un sistema di rappresentazione unico. Numerose sono le deviazioni rispetto alla medicina tradizionale cinese.

Gli organi

La scienza occidentale definisce con precisione le caratteristiche somatiche

> *L'uomo ricerca in tutta la sua vita di soddisfare il bisogno insaziabile di contatto fisico, di amore, di carezze, di calore... E forse il massaggio può divenire uno dei tanti strumenti per rispondere a tale necessità.*

Chi pratica lo shiatsu scopre ben presto che esso rappresenta un nuovo modo di esprimersi e di sviluppare la propria coscienza.

di un organo, in pratica il suo aspetto; la medicina tradizionale cinese invece tende a considerarne la funzionalità.
Il polmone, per esempio, per un medico occidentale è definito prima di tutto dalla sua struttura fisica; per un medico orientale dalle sue funzioni. Questo spiega perché nel sistema dei meridiani che sta alla base dello *shiatsu* sono presenti organi non considerati dalla scienza occidentale, quale per esempio, il triplice riscaldatore, mentre mancano riferimenti a organi quali il pancreas o le ghiandole surrenali.

Gli organi principali sono divisi in due gruppi fondamentali. Cuore, polmoni, milza, fegato, reni e pericardio hanno la funzione di produrre, trasformare, regolare e immagazzinare le sostanze fondamentali alla vita quali il sangue e l'energia vitale. Vescicola biliare, stomaco, intestino tenue, intestino crasso, vescica e triplice riscaldatore sono meridiani che hanno al contrario la funzione di ricevere, scomporre e assorbire il nutrimento che si trasforma in sostanze fondamentali, eliminando la parte non utilizzabile.
Gli organi del primo gruppo sono definiti *Yin* e sono situati nella parte più interna del corpo. Gli organi del secondo gruppo sono al contrario definiti *Yang* e sono posti in superficie.

A ogni organo *Yin* ne corrisponde uno *Yang*: al cuore corrisponde l'intestino tenue; ai polmoni l'intestino crasso; alla milza lo stomaco; al fegato la vescicola biliare; ai reni la vescica; al pericardio il triplice riscaldatore.

I meridiani
I meridiani sono linee di collegamento dei punti fondamentali, chiamati *tsubo*, in cui l'energia si manifesta. **Quando i punti energetici si mantengono in uno stato di equilibrio non esistono problemi per il benessere psicofisico dell'individuo**. Spesso però questo stato di equilibrio viene a mancare: in alcuni punti energetici si concentra un eccesso di energia; in altri invece la stessa energia è in difetto. Ciò è manifestazione e nello stesso tempo causa di malessere o malattia. Individuare questi punti e verificare il loro stato di ipotonia o ipertensione è indispensabile per chi vuole operare correttamente.
La loro localizzazione cambia da individuo a individuo e ciascun terapeuta deve maturare la capacità di scoprire, attraverso la manipolazione, la loro posizione.

Training Autogeno

Si potrebbe pensare al training autogeno come a una tecnica di rilassamento: ma non è così...

O meglio, non esattamente. In realtà è una tecnica di cambiamento che produce nel praticante delle reali modificazioni fisiologiche (messa a riposo del sistema neurovegetativo) e psichiche (ristrutturazione della personalità).
Il rilassamento è da considerarsi il primo gradino, la condizione per accedere ai veri e propri esercizi del training autogeno (T. A.).
Questi sono sei, di cui due fondamentali e quattro complementari.

- *Esercizio della pesantezza*, che produce uno stato di ipotonia muscolare, cioè di rilassamento dei muscoli striati e lisci.
- *Esercizio del calore*, che produce una vasodilatazione periferica con conseguente aumento del flusso sanguigno.
- *Esercizio del cuore*, che produce un miglioramento della funzione cardiovascolare.
- *Esercizio del respiro*, che produce un miglioramento della funzione respiratoria.
- *Esercizio del plesso solare*, che produce un aumento del flusso sanguigno in tutti gli organi interni.
- *Esercizio della fronte fresca*, che producendo una leggera vasocostrizione nella regione encefalica può favorire l'eliminazione di eventuali mal di testa.

Aiutandoci con un'immagine, si potrebbe pensare al T. A. come a un treno composto da un locomotore (calma) seguito da sei vagoni (gli esercizi appunto); oppure a una torta a sei strati rappresentanti gli esercizi.

Abbiamo detto che il T. A. agisce inizialmente sui muscoli: spendiamo a tale proposito qualche parola. In genere **si distinguono due tipi di muscoli**: quelli striati e quelli lisci.
I muscoli striati che presentano delle fibre orientate longitudinalmente, sono guidati dal sistema nervoso centrale e per questo si possono considerare volontari: in pratica sono muscoli scheletrici atti a produrre i movimenti del corpo.
I muscoli lisci, invece, a forma tubolare, sono innervati dal sistema nervoso autonomo e per questo si possono ritenere involontari: sono responsabili della mobilità dei visceri, dei vasi sanguigni e degli organi, quindi indirettamente del processo digestivo con la contrazione del tubo digerente e della circolazione sanguigna, permettendo la mobilità delle pareti vasali.

Attualmente la distinzione tra muscolatura liscia e muscolatura striata è ritenuta più labile, in quanto ci sono le dovute eccezioni: gli sfinteri che sono lisci, ad esempio, sono sotto il controllo volontario, mentre il diaframma, che è striato, è un muscolo involontario... e gli esempi potrebbero continuare.
D'altra parte è lo stesso T. A. a insegnare che tale distinzione è più che mai va-

riabile; infatti i muscoli involontari addetti alla respirazione e alla circolazione del sangue con l'allenamento autogeno vengono gradualmente posti sotto il controllo volontario, mentre i muscoli volontari, quali quelli scheletrici, vengono privati di tale controllo (vedi scariche autogene).

In pratica **si vuole rendere volontario ciò che normalmente non lo è, e far divenire involontari, liberi di espressione, i muscoli normalmente sotto il diretto controllo della nostra coscienza**.

Come funziona

Abbiamo già detto che *training* significa allenamento, che autogeno indica che si genera da sé, che è composto da sei esercizi da apprendere in maniera graduale (nell'arco di tre mesi), che la predisposizione alla calma è la condizione irrinunciabile.

Ora cerchiamo di spiegare come sia possibile che si instauri la commutazione autogena (lo stato di autodistensione che si ottiene col T. A.) con i connessi

MEDICINE NATURALI: L'IDROTERAPIA

Le medicine naturali sono di vario genere e di maggiore o minore semplicità per quanto riguarda la loro applicazione. Tra le più note, e le più antiche, troviamo l'idroterapia. Bagni, abluzioni, docce, impacchi freddi e caldi hanno da sempre fatto parte delle prescrizioni per riacquistare o per preservare la salute.

Già Ippocrate di Kos, vissuto tra il V e il IV secolo a.C. e considerato il padre della medicina occidentale, consigliava diverse pratiche idroterapiche ai suoi pazienti. Nella Bibbia e nel Vangelo sono numerose le pagine che citano l'acqua e il fango come mezzi necessari per la purificazione e la guarigione del corpo e della mente. Gli antichi Romani, ovunque si trovassero, costruivano grandiosi edifici termali che diventavano il centro della vita culturale ed economica della città.

Nel Medioevo questa vera e propria cultura dell'acqua si mantenne viva solamente in particolari luoghi (come le fonti termali) o presso alcune ristrette cerchie di appassionati. Fu solo a partire dal XVII secolo che nell'Europa centrale riprese vigore la cultura e la pratica dell'idroterapia. Molti furono i veri e propri pionieri che, attraverso un lavoro di sperimentazione personale e di ricerca, perfezionarono e misero a punto tecniche antiche e metodiche nuove per affrontare le più svariate malattie.

Priessnitz, Kuhne, Rickli, Just, ma soprattutto l'abate Sebastian Kneipp misero a disposizione di tutti un sistema terapeutico basato su pratiche semplici, ripetibili da chiunque (anche a casa propria) ed estremamente efficaci. Un lavoro completato e ulteriormente arricchito dai contributi teorici e dall'esperienza di padre Taddeo di Wiesent, del cileno Lezaeta Acharan e dell'italiano Luigi Costacurta, allievo di Lezaeta.

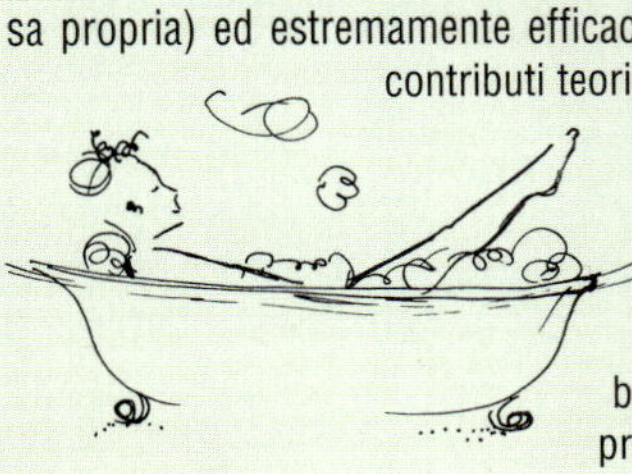

Oggi migliaia di persone affollano le stazioni di cura che, numerose in Austria, Germania, Svizzera, Italia e nei Paesi balcanici, offrono la possibilità – in ambienti straordinari e spesso intatti – di praticare a titolo preventivo o curativo le diverse metodiche idroterapiche.

cambiamenti neurovegetativi e psichici. **In particolare possiamo porci tre quesiti.**

- Perché ci vuole un costante allenamento quotidiano per apprendere il T. A.?
- Perché gli esercizi vanno acquisiti nel medesimo ordine indicato da Schultz?
- Com'è possibile che in corrispondenza di una determinata formula (avremo modo di vedere come ogni esercizio sia caratterizzato da una frase) avvengano dei reali cambiamenti fisiologici?

Si può **rispondere al primo quesito** dicendo che il costante allenamento è necessario perché si instauri l'associazione tra la formula pronunciata (es. "Il mio braccio destro è pesante") e gli effettivi riscontri fisiologici (ipotonia muscolare o rilassamento dei muscoli).
In effetti, affinché avvenga un'associazione tra due elementi sono necessari: durata, contiguità spazio-temporale e frequenza.

Per rendere più chiaro il concetto possiamo ricordare l'esperimento, che prende il nome di "**Condizionamento Classico**", **che Pavlov** (noto psicologo russo) **era solito fare con i suoi cani**. Si articolava in tre fasi.
In un primo momento a un cane immobilizzato e posto in una stanza isolata dai rumori esterni si presentava del cibo che provocava in modo naturale un'ampia salivazione: questa operazione veniva ripetuta varie volte.
In un secondo tempo, contemporaneamente alla presentazione del cibo, si introduceva uno stimolo neutro come il suono di una campanella: abbinamento che veniva pure ripetuto numerose volte.
Infine, qui sta la novità, il solo suono della campanella, senza la presentazione del cibo, risultava sufficiente per stimolare un'abbondante salivazione.

Ebbene, allo stesso modo in cui il suono della campanella produce la salivazione dell'animale, nel T. A. il richiamo della formula provoca dei reali riscontri fisiologici; ma ciò può accadere solo se i due elementi associati (formula-area fisiologica) saranno stati precedentemente abbinati per un numero sufficiente di volte. Ciò significa che chi vuole seriamente avvicinarsi al T. A. dovrà allenarsi quotidianamente per stabilire i normali processi associativi.

Riguardo al secondo quesito, è lo stesso Schultz che ci fornisce una risposta esauriente: in ogni stato di autodistensione, compresa l'ipnosi, prima avviene un rilassamento della muscolatura striata, poi di quella liscia (muscoli involontari), quindi, per effetto del rilassamento dei vasi sanguigni (vasodilatazione), un aumento del flusso sanguigno.
Ne deriva che prima si avvertirà una sensazione di pesantezza, e solo in seguito una percezione di calore.
Diviene quindi naturale eseguire prima l'esercizio della pesantezza e poi quello del calore.

Per quanto riguarda gli altri esercizi

complementari, devono essere eseguiti nell'ordine indicato, perché statisticamente inducono un rilassamento neuromuscolare più rapido.

Infine, in **risposta al terzo quesito** proponiamo una semplice esperienza che tutti possono eseguire: **la prova del pendolo**.

Prendete un filo della lunghezza approssimativa di 15 cm, legatevi un anello e lasciatelo pendere tenendolo tra le dita senza premere, con il braccio alzato e completamente rilassato.
A questo punto immaginate (solo mentalmente!) che il pendolo inizi a muoversi da destra verso sinistra o in senso orario... e gradualmente lo vedrete spostarsi nella direzione che avete pensato.
Che cosa è avvenuto?
È successo che **l'idea di un movimento ha prodotto il movimento stesso**, secondo il principio di ideoplasia, in quanto l'immagine mentale è quasi sempre accompagnata da minimi impulsi motori (del tutto inconsapevoli) che, nel nostro caso, fanno muovere il pendolo.

A che cosa serve

Passiamo ora a occuparci delle concrete possibilità che il T. A. offre a quanti diligentemente vorranno acquisirne la tecnica e in quali casi il suo utilizzo risulta particolarmente efficace.

- Come metodo di prevenzione delle malattie e dei disturbi psicosomatici (emicranie, gastriti, difficoltà respiratorie, tachicardie ecc.).

Gli oli essenziali

Sono sostanze oleose non solubili in acqua (mentre lo sono in alcol, etere o solventi organici) dotate di elevata volatilità, soprattutto in vapore acqueo, e intenso profumo.
Una delle tecniche più usate per estrarli è la distillazione in corrente di vapore; altre volte si possono estrarre anche per semplice spremitura della scorza di taluni frutti o mediante l'impiego di solventi organici o grassi.
Nelle piante gli oli essenziali si trovano generalmente nei peli ghiandolari e nei tessuti superficiali di foglie, fiori e frutti.
La loro funzione nei vegetali non è chiara: probabilmente sono utili alla difesa dai parassiti, a rendere la pianta non gradevole per gli animali erbivori, ad attirare gli insetti impollinatori...
Possono essere dotati di diverse proprietà: taluni sono antisettici, altri agiscono sull'apparato cardiocircolatorio, respiratorio, nervoso, digerente, endocrino e urinario. Il loro impiego è esteso anche all'industria cosmetica, che li utilizza per profumi e altri prodotti.

- Come mezzo per combattere un eccessivo carico di stress (*distress*) che è alla base di molti malanni psicofisici (il *distress* rende meno efficace il nostro sistema immunitario, accrescendo il pericolo di incorrere in malattie).
- Per superare momenti di stanchezza durante la giornata: un esercizio di T. A. può corrispondere a una o due ore di sonno (a tale proposito Voght parla di pause profilattiche, di riposo).
- Per migliorare le prestazioni fisiche sia nelle attività lavorative che in quelle sportive (emblematica è a tale proposito l'impresa di H. Lindeman, che nel 1956 riuscì ad attraversare l'Atlantico in meno di 72 ore con una canoa grazie all'ausilio del T. A.).
- Per migliorare la concentrazione, la memoria, l'autocontrollo attraverso una costante esercitazione col T. A.
- Ricordiamo poi, e questo è di recente acquisizione, che attraverso un quotidiano allenamento col T. A. si riescono a rilassare i muscoli facciali, favorendo così la prevenzione delle rughe e ritardando l'invecchiamento della pelle.

Considerato nel suo complesso, **il T. A. ha quindi effetto sui muscoli e sugli organi diretti da una particolare parte del nostro sistema nervoso che prende il nome di sistema nervoso autonomo (SNA).**
Brevemente diciamo che tale sistema, chiamato anche sistema nervoso vegetativo, esiste anche negli altri esseri viventi e funziona in modo per lo più indipendente dalla nostra volontà, innervando la muscolatura liscia dei visceri.
Lo si può suddividere in due sottosistemi: il parasimpatico e il simpatico.

- Il parasimpatico funziona in condizioni normali, di riposo, producendo la costrizione delle pupille, il rallentamento della frequenza cardiaca, l'attivazione dell'attività intestinale, il rallentamento della respirazione, la contrazione dei bronchi, l'abbassamento della pressione sanguigna, l'accumulo di glicogeno.
- Il simpatico, diversamente, entra in funzione in condizioni di emergenza, di stress, e fa sì che gli occhi ricevano più luce (dilatazione pupillare), che il cuore acceleri il battito, che l'attività intestinale venga bloccata, che il respiro aumenti il ritmo, che i bronchi si dilatino, che aumentino la pressione sanguigna e il tono muscolare.

I due sistemi sono pertanto in antagonismo e in genere il simpatico agisce con maggior preponderanza durante il giorno, mentre il parasimpatico entra in funzione nei momenti di riposo e durante il sonno.
Ora, compito del T. A. è proprio quello di **creare un giusto equilibrio tra quei due sistemi**, in modo che quando viene attivato il simpatico non permangano sintomi del parasimpatico, creando eventuali abbassamenti della pressione sanguigna, tendenze allo svenimento e forme di acidità allo stomaco; quando invece ci sia necessità che entri in funzione il parasimpatico, non perdurino forme di eccitazione con conseguente tachicardia, dilatazione pupillare, aumento della frequenza respiratoria ecc.

Lo Yoga nidra-eclettico

Lo yoga nidra o sonno psichico è una antica ed eccezionale tecnica per rilassarsi e per dormire.

Essa potrebbe divenire una valida metodica non solo per prevenire e curare malattie psicosomatiche ma, grazie al recupero energetico che in essa si attua, è ottima per gli atleti, per manager stressati, per tutti coloro che, in maniera semplice senza l'uso di suggestioni o di frasi condizionanti, vogliano raggiungere una **ottimale distensione muscolare e nervosa**.

La tecnica di yoga *nidra-eclettico* è diversa da quella originale tantrica; essa è stata trasformata (da Antonio Bortolotti, dal prof. Travaglini e da medici psicosomatisti e psicologi del Centro Jung) e adattata alla nostra psicologia e cultura, differente da quella dei popoli orientali.

Senza snaturarne l'essenza l'abbiamo semplificata, eliminando ad esempio particolari mistiche visualizzazioni e una certa terminologia che può allontanare chi non ha una particolare tendenza alla meditazione e all'introspezione. È stata semplificata e trasformata sia nella modalità d'esecuzione che nel contenuto tecnico, mantenendo solo il concetto di rotazione della coscienza su un punto del corpo per volta e la postura di base che è la tecnica classica del *savasana*, ossia postura del cadavere.

Eclettico deriva etimologicamente da "scegliere", significa cioè unire assieme diverse tecniche, metodiche o indirizzi.

Riflessologia plantare

Anche se le modalità del massaggio possono e devono essere personalizzate, è opportuno dare alcuni suggerimenti utili per ottenere fin dall'inizio dei risultati soddisfacenti.

La posizione, innanzitutto, deve essere comoda. Il massaggiato si può sdraiare su un letto o su un divano; chi massaggia, invece, sarà seduto su uno sgabello basso. In alternativa, anche due poltrone (l'una di fronte all'altra) possono servire allo scopo. In questo caso i piedi del massaggiato appoggeranno sulle ginocchia dell'operatore.

Per massaggiare si usano i polpastrelli del pollice e delle altre dita (che le unghie siano corte e arrotondate!), esercitando una pressione – decisa, ma non dolorosa – in senso circolare sulla parte interessata.

La seduta terapeutica generalmente dura 15 minuti per ogni piede e la sua frequenza è variabile in funzione anche della reattività del malato. Si possono proporre, di solito, due sedute alla settimana. **È anche possibile praticare regolarmente l'automassaggio**, utile soprattutto per mantenere un eccellente stato di salute e per prevenire il manifestarsi dei diversi disturbi. È importante che anche in questo caso la posizione assunta sia ben comoda.

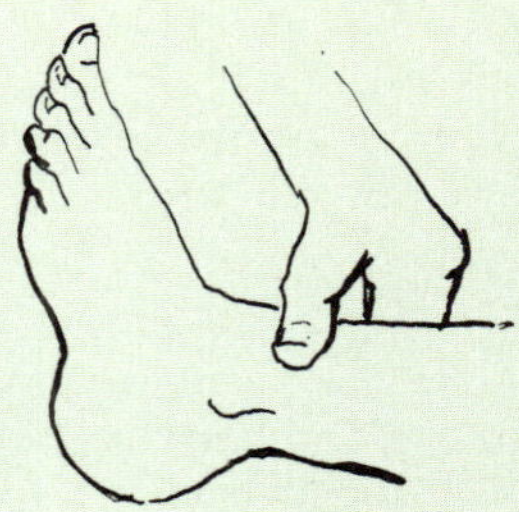

Lo Yoga

Lo yoga non consiste solamente in una serie di tecniche dotate di risvolti terapeutici interessanti, ma è soprattutto un metodo (con solide basi culturali, filosofiche e perfino spirituali e religiose) attraverso il quale si può raggiungere uno stato di benessere eccellente. Lo yoga è tradizionalmente praticato in India, nella Cina e nel Tibet. In Occidente lo yoga ha destato l'attenzione anche del mondo medico e **molti lo praticano soprattutto perché trovano in esso un buon antidoto alla tensione nervosa**. La parola "yoga" deriva dalla radice sanscrita *yui* che significa unire, legare insieme, tenere stretto. Il riferimento non è tanto a qualcosa di esterno all'uomo, ma piuttosto all'equilibrio tra le diverse parti dell'energia (o *prana*) che lo yoga permette di raggiungere. Le origini dello yoga sono sicuramente antichissime, ma il primo documento scritto dove si possono reperire, codificati in maniera organica, i fondamenti di questa disciplina è stato scritto dal filosofo Patanjali nel V secolo dopo Cristo. Nella sua opera *Aforismi sullo yoga*, Patanjali indica con precisione il cammino che deve compiere chiunque voglia trovare nella pratica dello yoga un modo per raggiungere, se possibile, l'assoluta indipendenza, la libertà e la beatitudine.

• Lo Hata Yoga

Nell'ambito dello yoga vi sono diverse correnti, diverse scuole. Lo yoga più diffuso e praticato è l'*Hata yoga*, detto anche "lo yoga della ginnastica". Le parole *ha* e *tha* si riferiscono rispettivamente alla parte positiva e negativa dell'energia corporea. Questo concetto è assai simile a quello dello *Yin* e *Yang*. La salute e l'armonia dell'organismo dipendono strettamente dall'equilibrio tra queste due componenti energetiche.
Lo yoga, attraverso una serie di posizioni corporee dette *asanas*, si propone di correggere le deformazioni della colonna vertebrale, permettendo al flusso energetico di scorrere liberamente all'interno dell'organismo. La respirazione è l'altro cardine dello *Hata yoga*. Un insieme di tecniche di inspirazione e di espirazione, sapientemente applicate, riescono a tonificare l'organismo e a rilassarlo. D'altra parte, l'aria costituisce il nostro alimento principale e il modo di respirare ha un'importanza pari (se non maggiore) al modo di mangiare. La maggior ossigenazione dei tessuti elimina le tossine dagli organi e ne migliora la funzionalità.
Con la pratica costante dello yoga è possibile raggiungere una buona tranquillità mentale, godere di un sonno sereno e riposante, sentirsi pieni di una maggiore energia e dotati di una vitalità eccellente. Il valore terapeutico dello yoga è quindi essenzialmente preventivo. Tuttavia la pratica dello yoga può anche essere usata come terapia nei casi di asma e bronchiti croniche, lombalgie e reumatismi, insonnia e malattie con una forte componente psicosomatica.

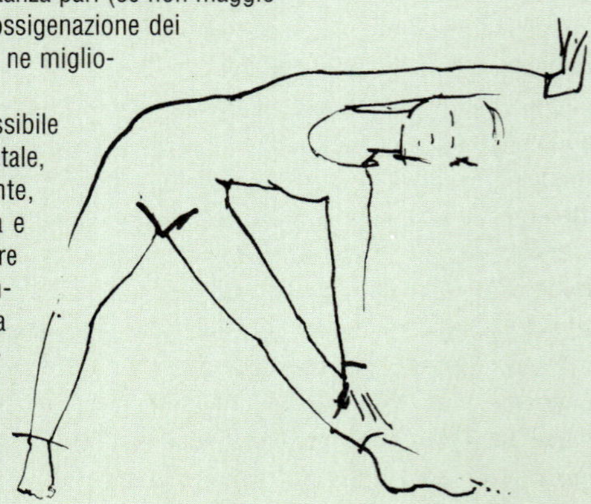

Infatti in questa metodica autodistensiva si possono trovare fasi o passaggi estrapolati un po' da tutte le pratiche yogiche, Zen e tecniche affini.
Lo yoga nidra prima seziona, smonta, analizza muscolo per muscolo, organo per organo dell'intero corpo e poi lo riunifica in toto.
L'uomo non unificato, cioè colui in cui non c'è armonica convivenza tra soma, ragione, istinto, emozione, è l'uomo etichettato come nevrotico.
Nello yoga nidra l'attenzione è rivolta all'interiorità. Le immagini che possono distrarre la mente, quali fantasie, ricordi, timori ecc., sono notevolmente ridotti. Ciò è dovuto all'immobilità acquisita grazie alla postura di base, ossia al *savasana*, in cui la colonna vertebrale è appiattita sul pavimento e i principali sensi sono inibiti: gli occhi sono chiusi e tutta la concentrazione è rivolta a seguire il percorso lungo il corpo che l'operatore nelle prime lezioni e il soggetto poi a casa effettueranno. L'atteggiamento stesso del praticante di yoga è di positivo distacco e rinuncia (passività controllata). Egli non tenta di scacciare i pensieri parassiti ma appena se ne accorge ritorna al suo atteggiamento di concentrazione interiore.
Tutto ciò produce una **caduta di tensione e della contrazione muscolare e un disinnesco sensoriale** che favorisce lo stato di relax mentale.

Lo yoga nidra non solo ci permette di vivere meglio la nostra corporeità, il "qui e ora" (principio della realtà interna ed esterna), ma a livello psicologico e somatico costituisce una specie di rinascita, una riorganizzazione completa della nostra personalità.
In tal modo potremo affrontare meglio il mondo esterno caotico, frettoloso, rumoroso, competitivo dei nostri giorni o essere meglio preparati ad affrontare particolari periodi delicati (adolescenza, gravidanza, menopausa, vecchiaia, invalidità) quando lo stress fisico (malnutrizione, consumo smodato di farmaci, interventi chirurgici ecc.) può assommarsi a quello emotivo (prodotto da dolore, frustrazione, rabbia, gioia ecc.).

La pratica dello yoga nidra

Lo yoga nidra-eclettico deriva dalla tecnica creata dal celebre medico indiano Dr. Satyananda Paramahansa. Questo *Swami* (Maestro), che è fra l'altro autore di molti testi scientifici sullo yoga, dirige a Monghir (India) una delle più importanti scuole di Tantra del mondo.
Durante la pratica dello yoga nidra l'allievo, disteso sopra un tappetino, avvolto in una coperta, deve rimanere a occhi chiusi senza mai distrarsi, sempre vigile e attento alle indicazioni dell'istruttore.
Egli viene invitato da questi a volgere lo sguardo dentro di sé e a percepire tutto ciò che accade in maniera distaccata, come farebbe un osservatore esterno. La concentrazione dell'allievo viene spostata da un punto all'altro del corpo secondo un particolare percorso, quindi sulle sensazioni inerenti il respiro, i suoni interni ed esterni ecc.
È veramente incredibile come già questa percezione, priva dei tipici elementi

suggestivi del training autogeno, faccia pervenire l'allievo a uno stato molto profondo di relax. Ciò avviene anche se abbiamo completamente e volutamente trascurato particolari visualizzazioni mistico-religiose legate, di volta in volta, a simboli quali un santo, un fior di loto, una fiammella, una montagna ecc. Tutto ciò se da una parte può far aumentare la coscienza religiosa, può rappresentare, per chi non ne ha, un indubbio problema.

Anche se così penalizzato, lo yoga nidra mantiene il suo fascino e dona ugualmente all'allievo tutti i benefici psicofisici di cui è già portatore.

Nella pratica dello yoga nidra, sostiene Swami Satyananda, «avviene un rallentamento di tutto il metabolismo, attestato da un ridotto consumo di ossigeno, dall'aumento della resistenza della pelle, dalla diminuzione delle pulsazioni cardiache e dall'aumento dell'attività delle onde alfa del cervello» (Satyananda Paramahansa, Yoga Nidra teoria e pratica, ed. Bihar School of Yoga).

Inoltre non solo il respiro diventa impercettibile, quasi un non-respiro, ma sembra che il soggetto dorma. In realtà, anche se il termine yoga nidra può essere tradotto dal sanscrito come "sonno-yogico", l'allievo mantiene sempre la massima attenzione e concentrazione. Ricerche effettuate nei Paesi dell'Est hanno dimostrato come, durante tale pratica, l'apprendimento delle lingue straniere viene potenziato in misura molto superiore rispetto allo stato di veglia.

Per migliorare le caratteristiche della nostra personalità (ad esempio essere più calmi in determinate circostanze, oppure perdere cattive abitudini come il bere e il fumare) lo Swami Satyananda utilizza durante questa pratica il *sankalpa* (o "risoluzione positiva"). Questa tecnica consiste nel ripetere diverse volte una determinata frase che ha un positivo potere autosuggestionante: "Sarò calmo e sereno nel rapporto con gli altri" ecc. Il *sankalpa* agisce molto in profondità, manifestando ben presto la sua efficacia. Dice ancora Satyananda: «L'uomo saggio sviluppa la sua personalità allenando se stesso e stabilendo deliberatamente motivi e desideri di tipo positivo. Nessuna personalità è impossibile da riformare e nessuna paura od ossessione è così profonda da non poter essere cambiata. Il seme del mutamento è la risoluzione fatta in yoga nidra».

Nello yoga nidra originale di Satyananda gli insegnamenti non sono diretti, ma espressi sotto forma di simboli che però conservano ugualmente un grande potere e possono modificare positivamente la personalità umana.

La macrobiotica

Il fine che si propone la macrobiotica è quello di permettere a tutti di vivere una vita lunga e realizzata: il mezzo principale per ottenere ciò è la ricerca di un tipo di alimentazione che permetta di stabilire un armonico rapporto tra il nostro "ambiente" interno e quello esterno.

La cucina macrobiotica è una sperimentazione continua alla ricerca del benessere e di un corretto atteggiamento alimentare. Non si basa su regole fisse, esistono solo dei criteri generali che ognuno deve adattare alle proprie circostanze.

La dieta macrobiotica è semplice e si basa sul principio dell'equilibrio e dell'armonia: i nostri bisogni alimentari sono determinati dalla situazione geografica e climatica, dal tipo di attività svolta e dalla nostra costituzione. Saper cucinare tenendo conto di questi fattori (e non di generiche tabelle caloriche e alimentari) porta alla capacità di gestire la propria salute. Il nutrimento accende le nostre attività vitali: se usato con trascuratezza e smodatamente, può anche spegnerle.

Per praticare la macrobiotica si deve innanzitutto imparare a conoscere il cibo. Ogni alimento integrale è una combinazione unica di vitamine naturali, oligoelementi, acidi grassi insatu-

Accorgimenti in cucina

Anche l'alimento naturale necessita di una fase di preparazione.

Cereali, ortaggi, legumi e alghe vanno scrupolosamente lavati prima di essere manipolati.

Per i cereali e i legumi è sufficiente metterli in una zuppiera, coprirli d'acqua e mescolare per far affiorare le impurità; l'operazione va ripetuta finché l'acqua non resta pulita, quindi si scolano e si sciacquano sotto l'acqua corrente. Le radici e le verdure che crescono a livello del suolo vanno sfregate accuratamente sotto l'acqua corrente con uno spazzolino di setole naturali. Le altre verdure vanno lavate normalmente con acqua fredda. Perché non perdano la loro freschezza sarà **meglio lavare le verdure appena prima di consumarle o cucinarle**. Le alghe di solito vanno lavate con acqua fredda o, in alcuni casi, dovranno essere lasciate a bagno per farle ammorbidire.

Gli utensili

Primo strumento indispensabile è una pentola a pressione di acciaio inossidabile che serve per la cottura dei cereali e a volte dei legumi; è anche opportuno disporre di un assortimento di tegami e padelle di acciaio inossidabile e di ghisa nonché pirofile o teglie di terracotta per il forno. (Le pentole di alluminio, rame o materiale antiaderente sono sconsigliate perché alterano le proprietà dei cibi e alla lunga portano a disfunzioni metaboliche). È utile avere a portata di mano anche uno spargifiamma. **Riguardo a posate, spatole e mestoli si raccomandano quelli di legno**. Altri utensili indispensabili per la cucina macrobiotica sono: uno spazzolino di setole naturali per la pulizia degli ortaggi (che non vanno sbucciati ma consumati integri, radici e foglie comprese); un mortaio a scanalature di tipo giapponese (*suribachi*), o uno di legno, per pestare il sale con il sesamo (gomasio) e i semi; un cestello per la cottura a vapore sempre in acciaio o in bambù; qualche stuoino in bambù per coprire gli alimenti o confezionare involtini; una pressa per salamoia.

Usando prevalentemente condimenti vegetali, che si lavano meglio di quelli animali, l'uso dei detersivi nella pulizia degli utensili potrà essere limitato, in ogni caso si consigliano quelli biodegradabili o semplicemente succo di limone e acqua calda per sgrassare.

ri, biostimoline, fattori di crescita ecc., con una propria specifica funzione e finalità; questa combinazione supererà di gran lunga i risultati dell'assunzione degli stessi componenti separati artificialmente. Paradossalmente la lavorazione e la raffinazione dei cibi, privandoli dei loro componenti naturali completi, li rende squilibrati; questo provoca l'alterazione del processo digestivo e instaura notevoli carenze nutrizionali cui si cerca di rimediare con medicinali costituiti chimicamente da quegli elementi eliminati con l'elaborazione degli alimenti (basti un esempio: la vitamina C quando abbiamo il raffreddore).

Quindi, per seguire una dieta macrobiotica è bene usare il più possibile cibi naturali cioè integrali e biologici.

Un alimento integrale si presenta così come la natura lo propone, completo cioè di tutte le parti che risultino commestibili. Sono alimenti integrali: la frutta e le verdure fresche, i legumi, i cereali completi di crusca e di germe, l'uovo, la frutta oleosa, il sale integrale ecc. Una caratteristica di questi alimenti è che possono essere utilizzati con **poche e semplici manipolazioni** (bolliti in acqua) o addirittura mangiati crudi; sono inoltre più ricchi di vitamine, sali minerali, fibre grezze ed enzimi.

Un alimento naturale non sarà solo integrale ma dovrà anche provenire da coltivazioni biologiche, cioè coltivazioni caratterizzate dall'impiego di concimi organici e dall'esclusione di concimi chimici, diserbanti e anticrittogamici tossici. Inoltre dovremo te-

La cottura

La cucina macrobiotica riserva una particolare attenzione al processo di cottura. Il combustibile ideale è il legno, ma chi non può permetterselo può usare più comodamente una normale cucina a gas che consente di controllare bene la fiamma (sono invece sconsigliati i fornelli elettrici e i forni a microonde con i quali è difficile controllare il calore e che alterano i cibi). Ricordiamo che la cottura "yanghizza" sempre il cibo (il fuoco è un elemento *Yang*) e che è preferibile cucinare a fuoco lento. In generale possiamo dire che il calore può essere usato per neutralizzare le tendenze eccessivamente *Yin* degli alimenti ed esaltarne le qualità *Yang*.

Le tecniche di cottura più usate sono quella a pressione, quella a vapore, lo stufato (in giapponese: *nishime*) o cottura con poca acqua, la scottatura e la salamoia (i cosiddetti insalatini). Secondarie sono la frittura e la scottatura con olio, la cottura al forno e alla piastra.
Per i cereali e i legumi sono adatte la cottura a pressione (più *Yang*) e la normale bollitura in acqua (più *Yin*). Quella a vapore va bene per riscaldare gli avanzi. Per le verdure possono essere utilizzate tutte queste tecniche.

La cottura con poca acqua o *nishime* è ottima per le verdure perché non richiede aggiunta d'olio e impedisce che le sostanze nutritive si disperdano nell'acqua o nel vapore. Per questo tipo di stufato si dispongono un paio di strisce di alga *kombu* (o laminaia giapponese, alga ricca di minerali) a fettine in una pentola con coperchio, sopra si mettono le verdure come carote, rape, rafano, cipolle, bardana, zucche invernali e cavoli, tagliate a pezzetti di quattro centimetri circa; si aggiungono due dita d'acqua e un pizzico di sale marino integrale; si copre la pentola e si alza la fiamma fino a che l'acqua non bolle, quindi si abbassa il fuoco e si fa cuocere fino a che le verdure non siano morbide (25 minuti circa); si condisce con un po' di tamari e si continua a far cuocere fino al totale assorbimento dell'acqua.

Per la scottatura delle verdure, ungete con poco olio di sesamo il fondo di una padella di acciaio inossidabile o di ghisa, mettetela sul fuoco, quindi aggiungete le verdure facendole cuocere a fuoco moderato o, se le volete più al dente, a fuoco vivo; aggiungete un pizzico di sale all'inizio e un po' di *tamari* alla fine. Le verdure saltate dovrebbero rimanere abbastanza croccanti, ma non crude. Per impedire che si attacchino mescolatele di tanto in tanto aggiungendo eventualmente un po' d'acqua.

nere presente che il sale comunemente usato nell'alimentazione è un sale raffinato, ossia privato di molti e importanti elementi. La dieta macrobiotica suggerisce l'uso di sale marino integrale ricchissimo di sali minerali contenuti in proporzioni ottimali per essere assimilati dal nostro organismo. Anche l'olio dovrà essere il più possibile naturale e poco manipolato; useremo, perciò, olio extravergine d'oliva ottenuto da prima spremitura a freddo.

Yin e Yang

La macrobiotica non è un regime alimentare strettamente vegetariano, non vuole stabilire rigide regole cui atteggiarsi. Molto più semplicemente mette a disposizione di tutti alcuni princìpi che permettono di raggiungere un certo equilibrio anche in cucina.

La filosofia macrobiotica divide in due categorie principali i molteplici alimenti che servono al nutrimento dell'uomo: **i cibi animali** (*Yang*) e **i cibi vegetali** (*Yin*). All'interno di ogni categoria, poi, i singoli alimenti sono classificabili in più *Yin* e più *Yang*.

In generale possiamo dire che **i cibi *Yang* contengono più sodio**, hanno sapore salato, poco dolce o piccante e un più alto grado di alcalinità; **i cibi *Yin* contengono più potassio**, hanno sapore acido, amaro, molto dolce o aromatico e un più alto grado di acidità. Per preparare pasti equilibrati possiamo combinare tra loro i vari ingredienti sfruttandone le diverse caratteristiche per accentuare o attenuare il loro effetto. Inoltre dovremmo tenere presente anche i fattori climatici e stagionali: nelle stagioni e regioni calde (*Yang*) è bene consumare più vegetali, soprattutto quelli di qualità *Yin*; viceversa nelle stagioni e nelle regioni più fredde (*Yin*) sarà consigliabile consumare vegetali di qualità prevalentemente *Yang*.

La cottura è un procedimento che aumenta il fattore *Yang* degli alimenti soprattutto se viene eseguita con sistema a pressione. In primavera sarà bene diminuire progressivamente i tempi di cottura (che dovranno essere ulteriormente ridotti nel periodo estivo); in autunno, e maggiormente in inverno, si consiglia invece di aumentarli.

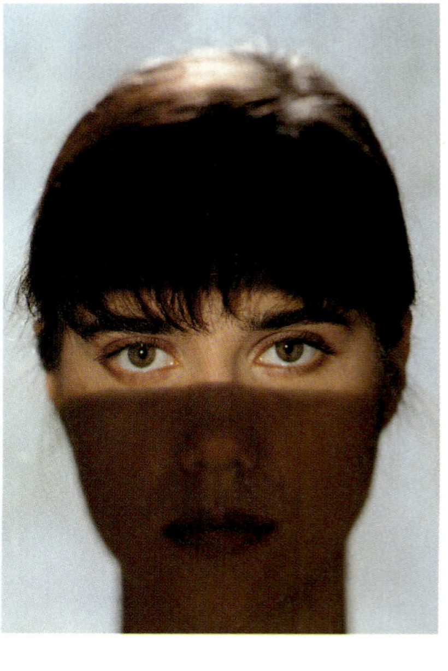

Meditazione, respirazione e circolazione dell'energia

L'ENERGIA 太極拳

La conoscenza dei percorsi seguiti dall'energia interna, è fondamentale nella pratica meditativa.

Agopuntura e pressione (massaggio) rappresentano due importanti sistemi "esterni" di induzione del flusso energetico. Il T'ai Chi Ch'uan si propone invece come metodo dinamico "interno" di stimolazione dell'energia.

La forza del pensiero e la concentrazione (focalizzazione sul centro che abbiamo chiamato *Tan T'ien*) rappresentano gli strumenti attraverso i quali possiamo attivare, stimolare e quindi migliorare la circolazione di energia nel nostro corpo.
Con la forza della mente, in altre parole, è possibile ottenere un fluire continuo e ininterrotto di energia vitale: *Ch'i*.

La respirazione

La pratica del T'ai Chi Ch'uan è fondata su di una respirazione di tipo diaframmatico, ciò per alcune valide ragioni: innanzitutto perché è più efficace di quella toracica quando è necessaria una maggiore quantità di aria, in secondo luogo perché ciò richiede notevole concentrazione e quindi facilita la "consapevolezza del proprio interno". Non dimentichiamo però che è dall'aria inspirata che si genera una parte consistente dell'energia vitale *Ch'i*. Nella respirazione diaframmatica il *Ch'i* postnatale raggiunge la zona *Tan T'ien*, andando quindi a congiungersi con l'energia prenatale. Ecco riunita la nostra essenza.
Controllare la respirazione significa controllare la propria mente, raggiungere la calma, rilassarsi, distaccarsi da altri pensieri, riunirsi con il proprio intimo.
La tecnica consiste nel respirare in modo da provocare un abbassamento del diaframma, il muscolo che separa la cavità toracica da quella addominale. Dobbiamo pensare di far giungere l'aria respirata nella zona basso-addominale. Per fare ciò possiamo immaginare di avere in questa zona, che abbiamo chiamato *Tan T'ien*, un palloncino che dobbiamo riempire d'aria.
Si respira profondamente, in maniera continua e regolare senza iperventilare, ossia senza gonfiare eccessivamente la gabbia toracica. Deve essere un'inspirazione naturale. Si inspira con il naso e si espira con la bocca. Quest'ultima non deve essere serrata ma semplicemente chiusa. Inspirando dunque in questo modo si immagina di far "scendere" l'aria fino nel *Tan T'ien*. Ciò comporta l'abbassamento del diaframma che, comprimendo l'addome, causerà una dilatazione della parete esterna. Nella fase di espirazione gli intestini ricevono una ulteriore spinta verso il basso. Esaurita l'espirazione l'addome rientra naturalmente e il diaframma risale verso l'alto.

La meditazione

Il primo obbiettivo della meditazione è ottenere il massimo utilizzo del *C'hi* acquisito, concentrandolo nel *Tan T'ien* e assicurando una completa circolazione nei canali *Du Mai* e *Ren Mai* sopra descritti. Proviamo ora a descrivere alcuni metodi di meditazione, sottolineando ancora una volta l'importanza di riferirsi, per la pratica del T'ai Chi Ch'uan, alla guida di un valido maestro.

– *Piccola Circolazione*
Si attua in posizione seduta: le gambe incrociate, colonna vertebrale e testa perfettamente diritte.
È indispensabile svuotare la mente da ogni pensiero estraneo.
La respirazione addominale ci fornisce la giusta quantità di *Ch'i*, questa deve raggiungere il *Tan T'ien* nel quale viene convogliata. Il pensiero deve ora concentrarsi sul canale *Du Mai*, punto per punto, guidando l'energia attraverso la colonna, raggiungendo la sommità del cranio fino al labbro superiore. Il ritmo da raggiungere è quello dato dal respiro. Questa pratica è particolarmente utile per imparare a prendere coscienza dell'interno del nostro corpo e della nostra capacità di guidare l'energia con il pensiero. Gradualmente si acquisisce consapevolezza del flusso del *Ch'i*, ciò diventa fisicamente percepibile.

– *Grande Circolazione*
Rappresenta l'essenza del T'ai Chi Ch'uan che, per definizione, è meditazione dinamica. Concentrando la mente sul movimento infatti, il difficile traguardo dello svuotamento della mente è più facilmente raggiungibile.
Tre sono i metodi fondamentali di meditazione dinamica:

1. Immaginiamo che l'aria inspirata vada a gonfiare un immaginario palloncino situato nella zona basso addomi-

TECNICHE DI RILASSAMENTO

Anche voi dovreste essere mentalmente sereni e fisicamente rilassati quando lavorate. La tensione crea rigidità, e con le mani contratte non potrete muovervi con scioltezza, né la pressione sarà uniforme. C'è anche un'altra ragione per restare liberi dalla tensione: **le emozioni non rimangono confinate in noi stessi, ma si trasmettono con la vicinanza e il tatto**. Durante una seduta c'è un sottile scambio silenzioso di sentimenti fra il massaggiatore e il paziente. Se voi siete rilassati, ciò aiuterà l'altro a distendersi e il massaggio sarà più efficace. Vi suggeriamo di seguito alcune tecniche di rilassamento, da utilizzare prima di iniziare il massaggio.

- Ruotate lentamente l'alluce in senso orario-antiorario, tenendo ferma con l'altra mano la zona appena sotto la seconda articolazione (dove il dito è attaccato al piede), per stabilizzare il piede. La rotazione del pollice rilassa il collo e i muscoli delle spalle, dove si accumula di frequente la tensione.
- Ruotate lentamente il piede in senso orario e poi antiorario. Questa azione rilassa il piede e i muscoli delle gambe e, eliminando la tensione, il rilassamento si diffonderà su tutto il corpo. Sostenendo la caviglia con una mano, mentre ruotate il piede con l'altra, tenete la gamba in una posizione stabile, in modo da non far muovere i muscoli della parte superiore.

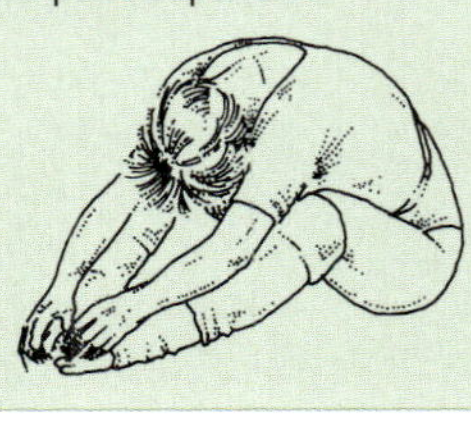

inspirazione
espirazione

nale. In questo serbatoio fittizio abbiamo incamerato il nostro *Ch'i*. Ora, nella fase di espirazione, dobbiamo immaginare di sospingerlo con forza esercitando una pressione con la muscolatura addominale e serrando i glutei. Guidiamo quindi con il pensiero la fuoriuscita del contenuto del palloncino: lungo le gambe e fino ai piedi da un lato, lungo la colonna e fino alla sommità del cranio e poi verso le mani, dall'altro.

2. Proviamo ora a immaginare di acquisire *Ch'i* sia dall'aria che dalla terra, attraverso i piedi. Nella fase di inspirazione il nostro palloncino si riempie ma i due flussi di ingresso (uno dall'alto e uno dal basso) gli imprimeranno un movimento rotatorio. Favoriamo tale movimento contraendo la zona intorno al punto *Hui Yin*, (fra l'ano e i genitali). Iniziando la fase di espirazione "sentiamo" il palloncino iniziare a svuotarsi, subendo un'inversione del moto rotatorio. Serrando ora i glutei e spingendo con gli addominali, guidiamo l'incanalarsi dell'energia che fuoriesce dal *Tan T'ien*; da un lato lungo le gambe verso il basso, dall'altro lungo la colonna verso l'alto fino alla sommità. Serrare i glutei è importante anche perché ciò comporta un migliore allineamento del punto *Wei Lu* (che abbiamo denominato anche "porta della coda") con gli altri punti del canale *Du Mai*.

3. Ora occorre raggiungere l'abilità di far giungere, attraverso la stessa tecnica descritta per il metodo precedente, il *Ch'i* fino al punto *Bai Hui* (o *Ni Wan*), la parte sommitale del cranio, già nella fase di inspirazione. Durante l'espirazione il *Ch'i* ridiscenderà poi lungo la colonna, fino agli arti e ai piedi, ancorandoci così al terreno, ma risalendo in parte lungo il canale *Ren Mai* fino alle mani.

4. Se ora immaginiamo un'ulteriore porta d'ingresso di energia nel punto *Bai Hui*, sommità del capo, ne otterremo che al momento dell'uscita dell'energia dalla zona di accumulo (il *Tan T'ien*) possiamo usufruire di quattro potenti flussi di energia. Durante l'espirazione due correnti possono essere dirette verso le gambe, una verso la colonna fino alle braccia e una può risalire lungo il *Ren Mai* per lasciare uscire il residuo dal naso.

Naturalmente saranno sempre utili la contrazione del punto *Hui Yin* in fase di inspirazione e la spinta addominali-glutei in fase di espirazione.

Posizione eretta e piedi paralleli, dita delle mani incrociate (respirazione profonda).

Inspirando, alzare le mani all'altezza della bocca.

Espirando, avvicinare le mani al plesso solare.

Inspirando, allontanare le mani distendendo le braccia in avanti con le mani in torsione.

Espirando, portare le mani sopra la testa, seguendo il movimento con lo sguardo.

Inspirando, portare le mani in torsione davanti alla bocca.

Espirando, avvicinare le mani come nella terza posizione.

Inspirando, allontanare le mani come nella seconda posizione.

Espirando, riportarsi nella prima posizione.

Il micromassaggio cinese (agopressione)

Nei paesi orientali, specie in Cina, l'uso del massaggio e automassaggio si basa sulla stimolazione, mediante compressione digitale, dei punti specifici distribuiti lungo i meridiani (chiamati anche canali energetici) entro i quali scorre in modo naturale l'energia vitale (Qi).

Il meccanismo è quello dell'agopuntura, con la variante che, al posto degli aghi, **si utilizza la pressione delle dita** (agopressione o digitopressione). L'agopressione infatti, strettamente imparentata con l'agopuntura cinese, si differenzia da essa perché non prevede l'utilizzo di aghi e quindi non sottopone il paziente a dolorose trafitture, ma si serve unicamente della pressione digitale, o massaggio, esercitata sui punti cutanei (tasti esterni) dell'agopuntura.
Agendo su questi punti, per il noto effetto di stretta correlazione tra gli organi e i visceri con la pelle, grazie anche a forze scatenanti neurovegetative, **si ottiene un ottimale equilibrio energetico e di salute psicofisica**.
Per far capire al lettore come agisca il trattamento applicativo su questi punti anche molto distanti dagli organi corrispondenti, si porta ad esempio come, schiacciando leggermente con i denti incisivi la punta della lingua (trattasi

Lo scorrere delle dita

Tutti gli autori, antichi e moderni, sono d'accordo sul fatto che partendo da un punto di agopuntura il massaggio deve seguire il meridiano e terminare a pochi centimetri di distanza dal punto di inizio.

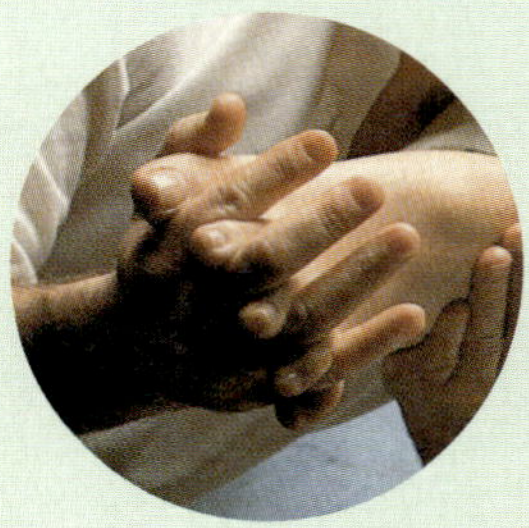

La regola che specifica la direzione del massaggio su di un punto è chiamata in cinese *Yin-Souei* che significa "scorrere in su o in giù". Il polpastrello del pollice destro viene premuto sul meridiano all'altezza del punto, quindi mosso nella direzione indicata e poi staccato dopo aver percorso 1 o 2 centimetri. Di seguito il pollice sinistro viene posizionato sul punto (quello di partenza) e agisce a sua volta, seguito nuovamente dal pollice destro e così via. In tal modo il punto sperimenta una azione continua impartita dal lavoro alternato dei due pollici. Un massaggio rapido e leggero (strofinamento) ha un effetto rinforzante mentre un massaggio forte, lento e profondo produce un effetto di dispersione. Forse l'idea si può trasmettere più facilmente affermando che lo scopo del massaggio rinforzante, di tonificazione, è quello di dare calore a un punto carente di energia; una pressione forte e lenta (che non deve scaldare la pelle) è invece usata per drenare eccessi energetici, espellendoli dal punto di pressione.

L'AUTOMASSAGGIO

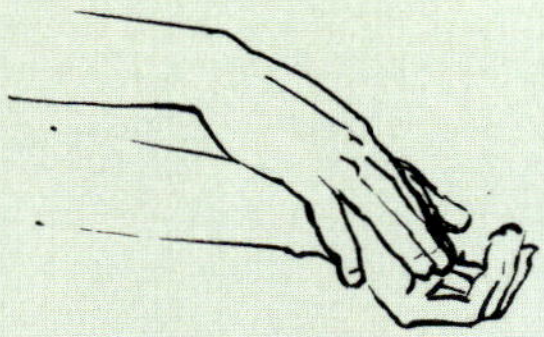

Quando ci si sente affaticati è possibile recuperare in breve tempo forza ed energia psicofisica attraverso un massaggio eseguito su tutto il corpo con una **spazzola di fibre naturali non troppo morbida**.
Si inizia a massaggiare in maniera vigorosa, con movimenti circolari, la pianta del piede destro, si risale lungo tutta la gamba e il gluteo. Poi si passa al sinistro; quindi si massaggiano lentamente l'addome e la schiena.
Infine si "spazzolano" le mani e le braccia (destra e sinistra).
È consigliabile fare subito una breve doccia alternando getti d'acqua calda, tiepida e fredda. I benefici di questo massaggio sono molteplici: tonifica il sistema nervoso; favorisce la circolazione sanguigna e lo smaltimento delle tossine attraverso i pori cutanei; riduce i depositi di adipe e rende l'epidermide più sana e compatta; stimola le difese immunitarie e la produzione di ormoni.

del punto della sete già noto dall'antichità) si ottenga immediatamente un'abbondante salivazione grazie all'azione indiretta provocata sulle ghiandole salivari; analogamente funziona il trattamento su altri punti, quando vengono stimolati.
Pur rimanendo il meccanismo d'azione ancora in parte oscuro, l'agopuntura e l'agopressione vengono, da millenni, usate come terapia per la loro efficacia e atossicità.
Normalmente l'agopressione e il micromassaggio si eseguono esercitando la pressione col polpastrello del pollice, con la punta quando si debba operare in piccole fossette; spesso si usano due dita (pollice e indice), oppure tre (indice, medio, anulare).
Il grado di pressione deve essere valutato caso per caso, anche tenendo conto della parte da trattare, tuttavia deve essere regolato in modo tale che il paziente avverta una lieve sensazione di dolore mista a piacere. Il tempo di pressione dei punti non deve generalmente mai superare i 2-3 minuti per trattamento.
È consigliabile anche che l'agopressione sia sempre preceduta da almeno 10-15 minuti di rilassamento generale psicofisico.
Si sconsiglia l'agopressione alle persone facilmente soggette a emorragie, nei casi di malattie infettive, alle donne in stato di gravidanza e ai bambini di età inferiore ai tre anni.

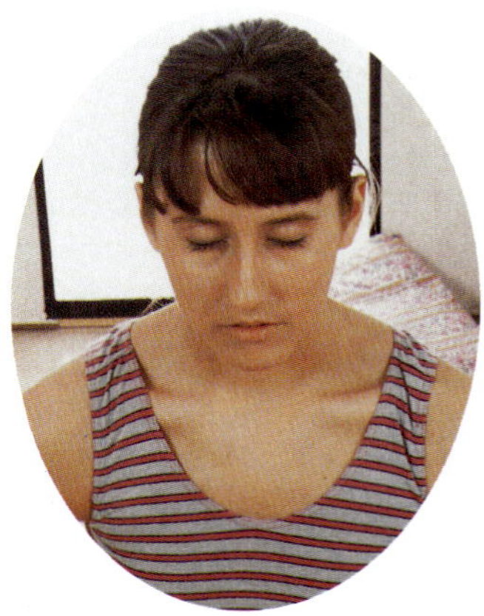

COMBATTERE O CONVIVERE CON LO STRESS?

La natura ha predisposto nell'uomo un complesso ed efficiente sistema automatico di difesa, capace di entrare in funzione allorché egli avverte una minaccia improvvisa.

Una volta percepito il pericolo, il cervello trasmette un segnale (biochimico) all'ipotalamo, sede delle reazioni emotive e ormonali. Le ghiandole surrenali, a loro volta avvisate, liberano una trentina di potenti ormoni (adrenalina, cortisone ecc.) che scuotono, in pochi secondi, l'intero corpo preparandolo così nel migliore dei modi a rispondere all'attacco (reale o presunto) attraverso la fuga o la difesa.

La stessa ansia è una delle manifestazioni di questo stato di emergenza e di pericolo.

Molti sono i mutamenti biochimici e i sintomi neurovegetativi scatenati da questo stato stressante: la tachicardia, l'ipertensione, il sudore, il pallore, l'affanno, a causa della superattività delle ghiandole surrenali. I disordini psicoemotivi si possono trasmutare in sintomi comportamentali, quali fobie, ipocondria, ossessioni.

Si può combattere veramente lo stress in vari modi: innanzi tutto distaccandosi dalle cose materiali, sposando una nuova filosofia dell'essere non impostata sul troppo avere (arrivismo, competitività sfrenata ecc.), oppure si può imparare a rilassarsi, svagarsi con uno sport non competitivo ecc.: i risultati saranno proporzionati all'impegno di ciascuno.

Comunque solo l'iperstress (acuto o cronico) è dannoso all'organismo, a dosi moderate rappresenta invece una valenza positiva e favorevole perché potenzia la *vis medicatrix naturae*.

Il dott. prof. Giovanni Ballarini dell'Università di Parma, in un suo articolo ("Scienza e vita", ottobre 1985), afferma che «un po' di stress non fa male anzi provoca nel nostro organismo reazioni benefiche in determinate circostanze».

Per stress si intende "qualsiasi evento fisico o psicologico che modifica l'equilibrio organico" (con termine tecnico: omeostasia). **Lo stress è anche la risposta dell'individuo a qualsiasi novità, alla quale si deve adattare**. Le cause di stress sono denominate *stressor* e sono le più varie: una modificazione della temperatura ambientale, un brusco cambiamento di alimentazione, un mutamento della situazione sociale, un brusco miglioramento o peggioramento economico, e così via.

Di fronte a un'amplissima varietà di *stressor*, l'organismo risponde in modo abbastanza uniforme, secondo schemi che sono governati dagli ormoni e dal sistema nervoso, e quindi abbastanza ben prestabiliti. Vi sono ovviamente diversità di specie, di razza e individuali. La risposta è di solito caratterizzata da una preparazione dell'organismo, da una specie di "carica", che serve ad affrontare l'emergenza, piccola o grande che sia. Per questo, soprattutto nell'uomo, un normale (e quindi limitato) stato di stress è favorevole, dato che il nostro comportamento viene ad avere la sua massima efficacia e porta alle maggiori soddisfazioni nell'affrontare problemi e situazioni nuove. Senza le novità e senza la conseguente carica, gli uomini sarebbero apatici e senza stimolo a progredire. Hans Selye, il padre delle ricerche sullo stress e il primo a usare questo termine negli anni Trenta, disse che lo stress è il sale della vita.

Non bisogna quindi stupirsi che gli scienziati siano andati a ricercare i rapporti tra stress e immunità. Come i più sapranno, per "immunità" si intendono tutte le modificazioni che gli organismi presentano di fronte a un'infezione e che servono a rendere gli organismi stessi più resistenti. È grazie ai meccanismi immunitari che, una volta superata ad esempio un'infezione da virus del morbillo, l'organismo diviene resistente ed è quindi immune (cioè non paga più penalità) verso tale malattia.

Gli stress di tipo sociale e psicologico

In condizione di stress psicologico diminuisce la produzione di interferone e cala l'attività antinfettiva delle cellule. Di conseguenza, vengono facilitate le infezioni batteriche e virali, ed è stata anche dimostrata una crescita più veloce dei tumori.

Diviene in questo modo comprensibile come il dolore per la perdita di uno stretto congiunto possa aggravare e accelerare la fine di un portatore di tumore.

Dall'insieme delle conoscenze che attualmente abbiamo sugli effetti causati dagli stress risulta che stress intensi e prolungati hanno effetti in linea di massima negativi: aumento delle malattie infettive o della velocità di crescita dei tumori. Stress limitati per intensità, e soprattutto per durata, possono invece avere effetti positivi. Si comprende così molto bene come un cambiamento d'aria possa essere di vantaggio e in questo modo si curavano, in era pre-antibiotica, alcune malattie infettive croniche: tubercolosi e brucellosi (febbre maltese, melitense od ondulante).

È anche possibile intuire come una intensa emozione possa aiutare a superare un'infezione.

Nell'uomo, ma anche negli animali, a mano a mano che si riducono gli stress di tipo fisico (basti pensare al controllo del microclima presente nelle case e negli allevamenti), assumono sempre maggiore importanza gli stress di tipo sociale e psicologico. Quello che una volta faceva il freddo ora lo fa un capufficio o un direttore sgradito (nell'uomo) o un gruppo sovraffollato (animali). Da stress fisici si passa a stress biologici e la psicologia (umana e animale, in quest'ultimo caso l'etologia) sta divenendo la nuova frontiera per il controllo delle infezioni e anche, seppure marginalmente, dello sviluppo dei tumori.

LA SCUOLA YANG (YANG PEI)

La scuola Yang (Yang Pei)

a cura del maestro I. Cuturello

Ignazio Cuturello ha intrapreso lo studio delle arti marziali all'età di dieci anni; agli inizi degli anni settanta entrò nella ristrettissima cerchia degli allievi diretti da Chang Dsu Yao (uno tra i migliori maestri del nostro secolo), di cui seguì gli insegnamenti fino al 1992, anno in cui Chang Dsu Yao morì.
Ignazio Cuturello ora ha quarantotto anni, è maestro di T'ai Chi Ch'uan Yang Pei (scuola Yang) e, inoltre, ricopre il ruolo di Direttore Tecnico Nazionale del settore didattico US ACLI, ente riconosciuto dal CONI.
Ignazio Cuturello ha collaborato con il nostro studio redazionale concedendo il servizio fotografico dove illustra alcuni esercizi fondamentali del T'ai Chi Ch'uan.

Come avrete potuto constatare dalla lettura del testo, il T'ai Chi Ch'uan non è praticabile solamente consultando un manuale che ne tratti gli argomenti specifici, e non è una semplice ginnastica rilassante; questa antica disciplina è un'arte marziale a tutti gli effetti e prevede una graduale consapevolezza, da parte degli allievi, delle energie che animano il corpo e la mente, quindi il T'ai Chi Ch'uan necessita dell'insegnamento di qualificati istruttori.

太極拳

Ching Li

Saluto

SEQUENZA DEL CH'I SHIH - Forma Iniziale

(PORTA L'ENERGIA INTERIORE AGLI ARTI SUPERIORI)

1ª posizione

2ª posizione

3ª posizione

4ª posizione

SEQUENZA DEL CH'I SHIH - Forma Iniziale
(PORTA L'ENERGIA INTERIORE AGLI ARTI SUPERIORI)

5ª posizione

6ª posizione

太極拳

7ª posizione

太極拳

LAN CH'ÜEH WEI - Prendere il passero per la coda

(PORTA L'ENERGIA INTERIORE AGLI ARTI SUPERIORI)

Yu Shih (forma destra) - 1ª posizione

Yu Shih (forma destra) - 2ª posizione

Tso Shih (forma sinistra) - 1ª posizione

Tso Shih (forma sinistra) - 2ª posizione

LAN CH'ÜEH WEI - Prendere il passero per la coda - parare

SEQUENZA DEL P'ENG E DEL LU (UNISCONO LE ENERGIE DEL CIELO E DELLA TERRA)

P'eng - 1ª posizione

P'eng - 2ª posizione

LAN CH'ÜEH WEI - Prendere il passero per la coda - tirare

SEQUENZA DEL P'ENG E DEL LU (UNISCONO LE ENERGIE DEL CIELO E DELLA TERRA)

Lü (tirare verso il dietro e il basso) - **1ª posizione**

Lü (tirare verso il dietro e il basso) - **2ª posizione**

太極拳

Lü (tirare verso il dietro e il basso) - **3ª posizione**

太極拳

LAN CH'ÜEH WEI CHI
Prendere il passero per la coda - premere

1ª posizione

太極

拳

2ª posizione

LAN CH'ÜEH WEI CHI
Prendere il passero per la coda - spingere

LAN CH'ÜEH WEI CH'IN NA
Prendere il passero per la coda e seguire una presa

1ª posizione

太極

拳

2ª posizione

LAN CH'ÜEH WEI TAN PIEN

Prendere il passero per la coda (frustata lunga)

LA SECONDA POSIZIONE SIMBOLEGGIA LA GRU E IL SERPENTE
(DALL'OSSERVAZIONE DEGLI ANIMALI)

1ª *posizione*

太極

2ª *posizione*

拳

T'I SHOU SHANG SHIH - Alzando le mani avanzare

INSIEME DI TECNICHE IL CUI COMPITO È QUELLO DI ALIMENTARE LE OTTO ENERGIE FONDAMENTALI (PA MEN - LE OTTO PORTE):
1) PENG - 2) LÜ - 3) CHI - 4) AN - 5) CHOU - 6) K'AO
7) LIEH (SCHIVARE) - 8) TSAI (AFFERRARE)

1ª posizione

太極

2ª posizione

拳

LÜ - Tirare verso il dietro e in basso

INSIEME DI TECNICHE IL CUI COMPITO È QUELLO DI ALIMENTARE LE OTTO ENERGIE FONDAMENTALI (PA MEN - LE OTTO PORTE):
1) PENG - 2) LÜ - 3) CHI - 4) AN - 5) CHOU - 6) K'AO
7) LIEH (SCHIVARE) - 8) TSAI (AFFERRARE)

visto da dietro

visto di fronte

CHOU K'AO - Colpire col gomito (visto da angolazioni diverse)

INSIEME DI TECNICHE IL CUI COMPITO È QUELLO DI ALIMENTARE LE OTTO ENERGIE FONDAMENTALI (PA MEN - LE OTTO PORTE):
1) PENG - 2) LÜ - 3) CHI - 4) AN - 5) CHOU - 6) K'AO
7) LIEH (SCHIVARE) - 8) TSAI (AFFERRARE)

1ª posizione

太極

2ª posizione

拳

HAI TI CHEN - La punta nel fondo del mare

HA IL COMPITO DI UNIRE LA FLUIDITÀ DELL'ACQUA ALLA LEGGEREZZA DELL'ARIA

1ª posizione

2ª posizione

PAI HO LIANG CH'IH - La gru bianca spiega le ali

HA IL COMPITO DI UNIRE LA FLUIDITÀ DELL'ACQUA ALLA LEGGEREZZA DELL'ARIA

1ª posizione

1ª posizione - di fronte

2ª posizione

3ª posizione

LOU HSI YAO PU - Agganciare vicino al ginocchio in posizione contraria

STIMOLA L'UTILIZZO DEI COMANDI INCROCIATI DEL SISTEMA NEUROLOGICO (EMISFERO DESTRO - EMISFERO SINISTRO)

1ª posizione

2ª posizione

SHOU HUI P'I P'A - Con le mani prendere la chitarra

STIMOLA L'UTILIZZO DEI COMANDI INCROCIATI DEL SISTEMA NEUROLOGICO (EMISFERO DESTRO - EMISFERO SINISTRO)

1ª posizione

2ª posizione

3ª posizione

太極拳

SHOU HUI P'I P'A - Con le mani prendere la chitarra

STIMOLA L'UTILIZZO DEI COMANDI INCROCIATI DEL SISTEMA NEUROLOGICO

太
極

4ª posizione

5ª posizione

拳

SHANG PU PAN CH'UI - Avanzando deviare, parare e dare un pugno

STIMOLA L'UTILIZZO DEI COMANDI INCROCIATI DEL SISTEMA NEUROLOGICO (EMISFERO DESTRO - EMISFERO SINISTRO)

1ª posizione

2ª posizione

3ª posizione

太極拳

SHANG PU PAN CH'UI - Avanzando deviare, parare e dare un pugno

STIMOLA L'UTILIZZO DEI COMANDI INCROCIATI DEL SISTEMA NEUROLOGICO (EMISFERO DESTRO - EMISFERO SINISTRO)

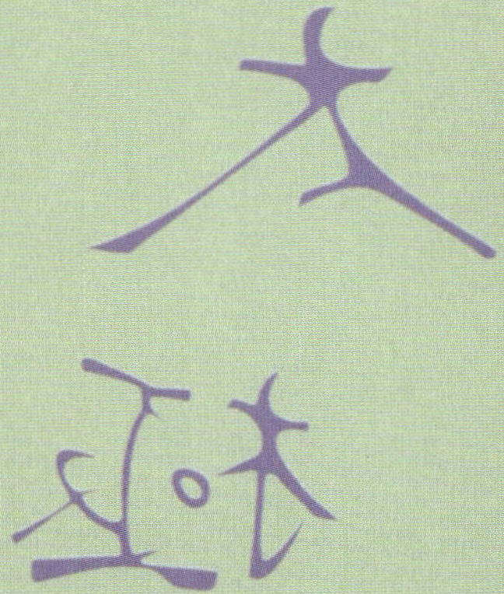

1ª posizione

2ª posizione

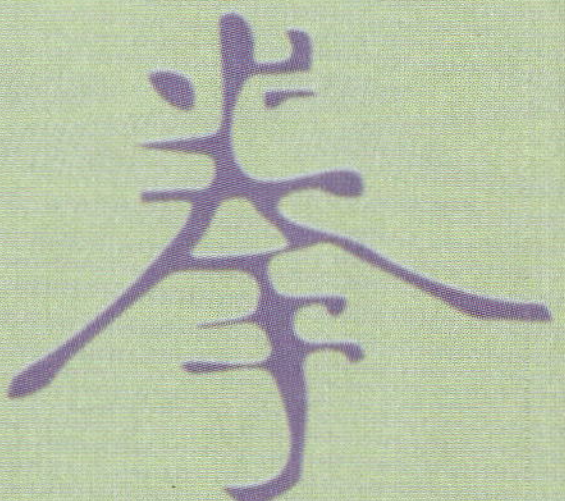

JU FENG SHIH PI - Come chiudere e come bloccare

STIMOLA L'UTILIZZO DEI COMANDI INCROCIATI DEL SISTEMA NEUROLOGICO (EMISFERO DESTRO - EMISFERO SINISTRO)

1ª posizione

2ª posizione

3ª posizione

4ª posizione

HE T'AI CHI - Unire il Tai Chi o applicare i principi del Tai Chi alla vita quotidiana

CON QUESTA SEQUENZA HA TERMINE LA PRIMA PARTE DEL TAI CHI

1ª posizione

2ª posizione

太極拳

3ª posizione

太極拳

1ª posizione

太極

拳

2ª posizione

PI CHUAN
Pugno metallo

Drago - Long Shin - Drago movimento

Aquila - Hin Shin - Aquila movimento (1°)

太極拳

Aquila - Hin Shin - Aquila movimento (2°)

太極拳

PA KUA CHANG
Il primo degli otto trigrammi

太

極

1ª posizione

2ª posizione

拳

PA KUA CHANG
Il primo degli otto trigrammi

3ª posizione

太極

4ª posizione

拳

LIANG I
Lo Stile degli opposti

TECNICHE DI GRUPPO
Saluto

1ª posizione

2ª posizione

TECNICHE DI GRUPPO

TECNICA DELLE MANI CHE SPINGONO

1ª posizione

2ª posizione

TECNICA DELLE MANI CHE SPINGONO

3ª posizione

4ª posizione

太極拳

拳

太極

拳

ARMI - Il bastone e la spada

太
極

拳

太極

拳

ARMI - La sciabola

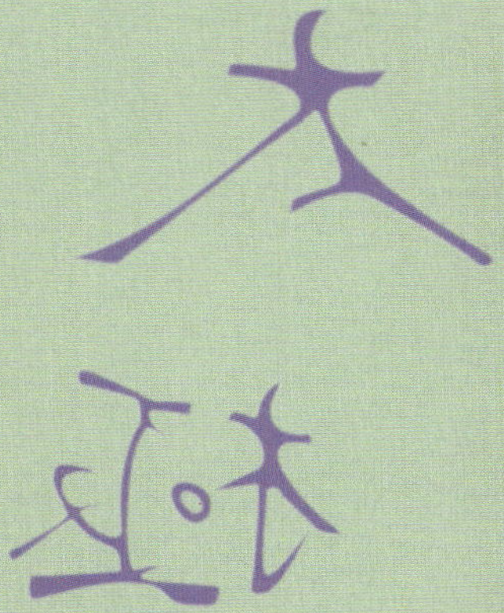

太
極
拳

太
極
拳

ARMI - La lancia, la spada e il bastone

太極拳

太極拳

Yü Nü Ch'uan So Lü
La ragazza di giada lavora il telaio

太極

拳

Ch'in Na Lü - Tecnica di presa

Chin Chi Tu Li Lü
Il gallo d'oro su una gamba

Yu Teng T'ui Lü
Spingere con la gamba destra

Tso Ta Hu - Colpire la tigre a sinistra

太極

拳

Pai She T'u Hsin
Il serpente bianco tira fuori la lingua

CHIN TANG CH'UI
Indirizzare un pugno al ventre

NOTE

1) Il primo volume dell'opera è stato tradotto in inglese da Derk Bodde e pubblicato a Pechino nel 1937, fra le tante traduzioni oggi disponibili del Tao Te Ching è stata scelta una delle più recenti e forse più vicina al nostro liguaggio: quella di Claudio Lampanelli per il testo di Lao Tzu, *Tao Te Ching*, a cura di Brian Browne Walker, Milano, Mondadori, 1998.
2) Lao Tzu, *Tao Te Ching*, op. cit.
3) Fung Yu-Lan, *Storia della filosofia cinese*, Milano, Mondadori, 1956.
4) Lao Tzu, *Tao Te Ching*, op. cit.
5) idem
6) idem
7) idem
8) idem
9) idem
10) idem
11) F. Tommasini, *I dialoghi di Confucio*, in *Testi confuciani*, Torino, 1974
12) idem, *Lun yi* o *Anacleta* (XII, 11).
13) idem
14) *Raccolta di massime di antichi virtuosi, chuan 4*, in Fung Yu-Lan, *Storia della filosofia cinese*, Milano, Mondadori, 1956.
15) Fung Yu-Lan, op cit.
16) *Raccolta di massime di antichi virtuosi, chuan 12*, citato in Fung Yu-Lan, *Storia della filosofia cinese*, op. cit.
17) idem

BIBLIOGRAFIA

Lao Tzu, *Tao Te Ching*, a cura di Brian Browne Walker, Milano, Mondadori, 1998

Fung Yu-Lan, *Storia della filosofia cinese*, Milano, Mondadori, 1956

Leonardo Arena, *Antologia della filosofia cinese*, Milano, Mondadori, 1991

F. Tommasini, *Testi confuciani*, Torino, Einaudi, 1974

AA.VV, *Le grandi religioni del mondo*, Roma, Ep, 1980

Manfred Porkert, *La medicina cinese*, Milano, Armenia, 1984

Ulderico Lanza, *Agopuntura classica*, Torino, E.R.I.M.O., 1976

U. Lanza, L. Requena, *Corso di psicoagopuntura*, Torino, E.R.M.O., 1982

INDICE

T'AI CHI CH'UAN 3

Introduzione 4
I Ching, il libro delle mutazioni 6
L'arte della suprema polarità 9
Tao Te Ching, il libro della virtù e della via 10
T'ai Chi Ch'uan, ricerca del Tao 13
Confucio, maestro di virtù 16
Il tributo a Confucio 19
Il Ch'an, filosofia del silenzio 20
T'ai Chi Ch'uan, azione della mente 22

LA STORIA, GLI STILI L'ENERGIA 25

Storia e stili del T'ai Chi Ch'uan 26
Gli stili del T'ai Chi Ch'uan 29
Ta Chia: la grande intelaiatura 29
Lo stile Ch'en: la vecchia intelaiatura 30
Hsiao Chia: la piccola intelaiatura 30
Chung Chia: la media intelaiatura 30
Huo Pu Chia: intelaiatura dei passi veloci 30
Oggi 31
La teoria delle tre energie 32
Yin e Yang: potenzialità e movimento 34
Ching e Ch'i: essenza ed energia interna 34
L'energia ancestrale 34
Energia del cielo e della terra 35
Wei: energia protettrice 35
Shen: energia mentale 36
Trasformazione di Shen e Ch'i ed essenza del T'ai Chi Ch'uan 37
Circolazione dell'energia, le sfere funzionali e i punti vitali 37
I canali "curiosi" 40

NUTRIRE MENTE E CORPO 47

L'armonioso fluire dell'energia 48
Meridiani ed energia 48
Squilibrio e malattia 49
La pressione 49
I chakra, l'aura e il ki 50
Il sistema nervoso autonomo e l'energia del corpo 51
Spiritualità e comunicazione 53
L'atlante dei meridiani 54
Training autogeno 56
Come funziona 57
A che cosa serve 59
Lo Yoga nidra-eclettico 61
La pratica dello yoga nidra 63
La macrobiotica 65
Yin e Yang 68

MEDITAZIONE, RESPIRAZIONE E CIRCOLAZIONE DELL'ENERGIA 69

L'energia 70
La respirazione 70
La meditazione 70
Il micromassaggio cinese (agopressione) 75
Combattere o convivere con lo stress? 77

LA SCUOLA YANG (YANG PEI) 79

La scuola Yang (Yang Pei) a cura del maestro I. Cuturello 80
Il primo percorso del T'ai Chi della scuola Yang 82
Forma mente 104
Punto metallo 105
Animali dello zodiaco 106
Il primo degli otto trigrammi 107
Lo stile degli opposti 109
Tecniche di gruppo 110
Tecnica delle mani che spingono 112
Tecniche marziali 114
Armi 115
Sequenza fotografica 122
Indirizzare un pugno al ventre 125

Note 126
Bibliografia 126